中等城市土地使用与
交通一体化规划

苏海龙 著

中国建筑工业出版社

图书在版编目（CIP）数据

中等城市土地使用与交通一体化规划/苏海龙著. —北京：中国建筑工业出版社，2018.6
ISBN 978-7-112-22153-0

Ⅰ.①中⋯ Ⅱ.①苏⋯ Ⅲ.①城市土地—土地规划—研究—中国②城市规划—交通规划—研究—中国 Ⅳ.①F299.23②TU984.191

中国版本图书馆CIP数据核字（2018）第088315号

本书针对新型城镇化快速推进的背景下，我国中等城市土地使用与交通协调发展的困境与问题，以土地使用与交通一体化规划决策支持系统建构为主线，结合案例城市，着重研究规划决策过程的模拟，并通过可视化途径展现不同决策的政策后果，为城市规划、城市交通等多个部门决策者、规划师和普通公众提供一个互动沟通的共享决策平台，以促进城市土地使用、交通、资源环境的协调发展，并为城市可持续发展提供具体的决策支持和对策建议。主要创新体现在，从理论上建构了一体化决策支持框架；从实践上开发了包含土地使用和交通组件在内的土地使用与交通一体化规划决策支持系统（Land Use and Transportation Integration Planning Support System，简称LUTIPSS），试图通过一体化模型进行定量分析，并以可视化的途径实现不同空间政策及交通政策在土地使用与交通交互过程中的影响，为决策者提供技术支持，具有一定的理论意义和实践价值。适合从事城市规划编制与管理的人员以及规划研究者阅读。

责任编辑：焦　扬　陆新之
责任校对：王　瑞

中等城市土地使用与交通一体化规划
苏海龙　著

*

中国建筑工业出版社出版、发行（北京海淀三里河路9号）
各地新华书店、建筑书店经销
北京点击世代文化传媒有限公司制版
北京京华铭诚工贸有限公司印刷

*

开本：787×1092毫米　1/16　印张：10¾　字数：225千字
2018年7月第一版　2018年7月第一次印刷
定价：56.00元
ISBN 978-7-112-22153-0
（32043）

版权所有　翻印必究
如有印装质量问题，可寄本社退换
（邮政编码 100037）

前　言

　　土地使用与交通协调发展的理念早已被规划者、管理者所熟知，但两者之间的关系要么停留在定性分析上，要么量化分析模型因其庞杂的模块及严格的数据要求使其与规划实践渐行渐远，无法真正落实到规划编制过程中去。加之土地使用规划与交通规划分属不同的政府职能部门，以至于土地使用与交通的一体化始终未能得到很好解决。

　　2010年2月住房和城乡建设部颁布《城市综合交通体系规划编制办法》，要求城市综合交通体系规划应与城市总体规划同步编制，这为土地使用与交通一体化规划的推动扫清了体制障碍。同年8月，上海复旦规划建筑设计研究院与吴宋美加设计咨询有限公司在复旦大学联合举办了"面向未来的城市规划与交通发展"研讨会。住房和城乡建设部城市交通工程技术中心副主任马林对《城市综合交通体系规划编制办法》作了权威而深入的解读。来自城市规划、交通、环境等多个学科领域的170余位中外专家和学者，共同探讨了中国快速城市化过程中城市规划与交通发展面临的种种挑战，展望了土地使用与交通一体化规划的未来前景。这次研讨会是《城市综合交通体系规划编制办法》颁布后，国内召开的以"城市土地使用与交通一体化规划"为主旨的大型国际学术研讨会之一。以这次会议为契机，上海复旦规划建筑设计研究院与吴宋美加设计咨询有限公司也开启了在城市土地使用与交通一体化规划模型以及绿色交通等方面的合作。

　　长期以来，城市综合交通规划通常是在城市总体规划编制完成以后，作为一项专项规划单独编制的。但实际上在城市总体规划的编制前期，即总体规划纲要阶段或城市发展战略阶段更加需要城市土地使用与交通一体化的相互校核与验证。初步研究发现，目前使用的交通规划模型无法直接应用到城市总体规划当中，因此迫切需要找到一个适用于中国城市总体规划的城市土地使用与交通一体化模型。针对以上思考，作者在开展研究的初始阶段提出了以下五点认识：①一体化规划模型是基于规则的而非模拟。传统的一体化模型一直不被规划实践所接受，主要是由于大部分学者尝试研究和发明一种基于市场经济原理的能完全模拟城市运行的模型，但土地使用与交通之间的关系很复杂，外界环境的影响因素更加复杂，以目前的认知程度及技术水平还远不能实现一体化的真实模拟，而且对我国的规划编制影响最大的是城市发展政策，因此，要构建符合我国特色的土地使用与一体化规划决策支持系统必然是基于规则的模型，而非基于市场经济规律的模拟。②一体化模型是基于GIS的可视化模型。一体化规划模型是为规划决策提供技术支持，决策者往往需要综合规划及交通以外的其他因素，这些决策者对于土地使用及交通并不一定有专业的认知基础，因此，基于GIS的可视化模型是决策支持最有效的工具。

③具备情景生成功能，应对城市未来发展的不确定性。编制规划中不能完全基于对现状规律的认识而采用线性外推的方式预测未来的发展，还需要考虑未来城市发展的不确定性，而影响这些不确定性的关键因素是可以分析得到的，一体化规划决策支持系统必然需要能够结合这些关键因素构建未来发展的情景，从而利用历史规律外推及未来情景逆推两个方法预测未来的不确定性，进而能够有效准确地制定用地规划和交通规划。④在城市总体规划层面实现城市空间结构与交通的互动。土地使用与交通一体化规划决策支持主要是为城市总体规划层面空间布局提供决策支持，对应的综合交通规划的内容是交通发展战略，也属于总体层面的内容，因此，土地使用与交通一体化规划是要在城市总体规划层面实现城市空间结构与交通的互动。⑤具备基于资源与环境约束的指标体系。土地使用与交通一体化规划决策支持最重要的内容是通过土地使用与交通的协调发展，来减少土地资源消耗与交通能耗，因此，建立基于资源与环境约束的指标体系，有利于检验及度量不同空间政策或交通发展政策是否真正落实协调发展的最本质要求。总体而言，考虑到我国的国情和中等城市的现实情况，研究的目的是在建构土地使用与交通一体化的模型中模拟政策的运行过程，而非模拟城市的运行过程。

在以上原则的指引下，之后作者进一步提出了土地使用和交通一体化解决方案：以规划支持系统（PSS）作为技术支持，同时运用情景规划技术，在MCE-GIS的平台上纳入资源与环境的制约影响要素，整合、优化土地使用与交通系统，最终实现土地使用与交通一体化规划。在此基础上开发了包含土地使用和交通组件的土地使用与交通一体化规划支持系统（英文全称为Land Use and Transportation Integration Planning Support System，简称LUTIPSS）。2012～2015年，该系统在作者主持的《漯河市城市总体规划（2012—2030）》和同步编制的《漯河市城市综合交通体系规划》中得到了实证。鉴于实证范围有限，本书将系统的应用范围限定在中等城市。当然，随着相关研究的继续拓展以及验证范围的扩大，未来的系统应用对象也可以进一步拓展到大城市或小城市。

本书正是在以上实证研究的基础上结合作者长期从事城市发展战略以及城市总体规划的实践经验总结归纳而来。书中的技术路线的形成和初步验证得到了吴宋美加设计咨询（上海）有限公司总裁吴稼豪博士和副总裁宋兵先生的启发和支持；系统的技术开发得到了美国加利福尼亚州萨克拉门托地区政府理事会高圣义博士提供的技术上的帮助；实证应用得到了上海复旦规划建筑设计研究院的漯河城市总体规划与综合交通规划项目成员纪立虎、谭迎辉、孙德发的协助；文献综述与资料整理得到了复旦大学城市规划与发展研究中心的周锐、许博涵、王燚三位博士的协助。同时，作为河南省30版城市总体规划中率先同步编制综合交通规划的城市，漯河市的系统应用评价也得到了河南省住房和城乡建设厅郭风春副厅长、城乡规划处张传慧处长以及漯河市城乡规划局尚茹敏副局长的指导和支持。

鉴于在这一领域的研究成果尚不多见，本书抛砖引玉，真诚期待得到从事城市发展战略、城市总体规划以及城市综合交通规划的同行和学者们的批评指正。

目 录

第1章 绪论 ·· 1
  1.1 研究背景 ··· 1
  1.2 相关概念的界定 ··· 2
    1.2.1 中等城市 ·· 2
    1.2.2 土地使用 ·· 2
    1.2.3 交通体系 ·· 5
    1.2.4 发展政策 ·· 6
    1.2.5 小结 ·· 8
  1.3 相关研究探索简介 ··· 8
    1.3.1 城市发展理念探索 ·· 8
    1.3.2 土地使用与交通一体化 ··· 12
    1.3.3 土地使用与交通一体化规划 ··· 13
    1.3.4 小结 ··· 13
  1.4 研究思路、内容和方法 ·· 14
    1.4.1 研究思路 ··· 14
    1.4.2 研究内容 ··· 14
    1.4.3 研究方法 ··· 15
  1.5 研究意义 ·· 15
    1.5.1 理论层面 ··· 15
    1.5.2 政策层面 ··· 16
    1.5.3 规划层面 ··· 16
  1.6 研究创新 ·· 16

第2章 中等城市空间发展与交通发展的模式及政策研究综述 ················ 18
  2.1 中等城市空间发展模式及政策研究 ······································ 18
    2.1.1 中等城市的特征 ··· 18
    2.1.2 中等城市发展过程中存在的问题 ···································· 19
    2.1.3 中等城市的空间发展模式 ·· 20

2.1.4 中等城市的空间发展政策 ························· 27
2.2 中等城市交通发展模式及政策研究 ························· 27
2.2.1 中等城市交通体系特征 ························· 27
2.2.2 中等城市交通发展存在的问题 ························· 33
2.2.3 中等城市交通发展模式 ························· 35
2.2.4 中等城市交通发展政策 ························· 37
2.3 城市土地使用与交通体系的关系分析 ························· 40
2.3.1 城市土地使用与交通体系的互动机理 ························· 40
2.3.2 城市土地使用对交通体系的影响 ························· 42
2.3.3 交通体系对城市土地使用的影响 ························· 44
2.4 城市土地使用与交通一体化规划研究 ························· 47
2.4.1 土地使用与交通一体化规划的理论基础及相关研究 ························· 47
2.4.2 土地使用与交通一体化模型研究 ························· 52
2.4.3 土地使用与交通一体化规划的规划实践 ························· 62
2.5 规划支持系统的相关研究 ························· 64

第3章 城市土地使用与交通体系发展政策研究方法 ························· 66
3.1 政策研究方法的确定 ························· 66
3.1.1 研究问题分析 ························· 67
3.1.2 研究方法分析 ························· 70
3.2 基于一体化规划决策支持的政策分析过程 ························· 71
3.2.1 基于空间规划的政策决策过程 ························· 71
3.2.2 基于交通规划的政策决策过程 ························· 72
3.2.3 基于一体化规划的政策决策过程 ························· 72
3.3 一体化规划决策支持的技术框架 ························· 73
3.3.1 基于情景规划思想的规划决策支持方法 ························· 73
3.3.2 基于战略层面衔接的两步走 ························· 74
3.3.3 基于多目标评价的方案评价体系 ························· 74
3.3.4 土地使用与交通一体化规划技术框架 ························· 77
3.4 一体化规划的模型功能分析 ························· 78
3.4.1 空间规划模型与交通模型的介绍 ························· 78
3.4.2 基于一体化的模型功能整合分析 ························· 80

第4章　城市空间发展政策的规划决策支持研究 …… 82
4.1　空间发展政策规划决策支持的技术框架 …… 82
4.1.1　一体化规划决策支持的核心问题 …… 82
4.1.2　空间发展思路 …… 83
4.1.3　基于情景规划思想的规划决策支持框架 …… 83
4.2　空间供给评价 …… 85
4.2.1　紧凑发展政策下的用地适宜性评价 …… 87
4.2.2　外延发展政策下的用地适宜性评价 …… 88
4.3　经济社会发展目标下的空间需求分析 …… 90
4.3.1　空间需求预测原则及方法 …… 90
4.3.2　保守增长情景下的居住用地及就业用地需求 …… 91
4.3.3　稳定增长情景下的居住用地及就业用地需求 …… 92
4.3.4　快速增长情景下的居住用地及就业用地需求 …… 92
4.4　基于政策的城市空间发展模式 …… 93
4.4.1　情景一：政策不干预 …… 93
4.4.2　情景二：集聚发展政策 …… 95
4.4.3　情景三：疏解发展政策 …… 96
4.5　基于多目标的空间发展政策评价与优化 …… 99
4.5.1　空间发展政策评价的原则 …… 99
4.5.2　基于多目标的空间发展政策评价指标体系 …… 99
4.5.3　空间发展政策评价 …… 101
4.6　中等城市空间发展的政策控制与引导 …… 104
4.6.1　最优的空间发展模式 …… 104
4.6.2　空间发展政策指引 …… 105

第5章　基于城市土地使用优化的交通发展政策决策支持研究 …… 106
5.1　交通发展政策的规划决策支持的技术框架 …… 106
5.1.1　交通发展政策的规划决策支持研究思路 …… 106
5.1.2　决策支持功能结构及实现技术分析 …… 106
5.2　不同空间发展模式下的中等城市交通特征分析 …… 107
5.2.1　不同空间发展模式下的交通特征分析 …… 108
5.2.2　基于组团状城市空间结构的交通供给分析 …… 109
5.2.3　基于组团状城市空间结构的交通需求分析 …… 110

5.3 中等城市交通发展政策研究 ... 116
5.3.1 交通政策对交通模式影响分析 ... 116
5.3.2 政策引导下慢行交通模式 ... 116
5.3.3 政策引导下小汽车交通模式 ... 117
5.3.4 政策引导下公共交通模式 ... 118
5.4 基于交通可达性反馈的土地使用布局优化 ... 120
5.4.1 交通可达性定义 ... 120
5.4.2 用地布局对交通决定作用 ... 121
5.4.3 交通对用地布局的反作用 ... 121
5.4.4 3种政策下基于可达性的反馈结果分析 ... 122
5.5 基于指标体系的交通发展政策评价 ... 124
5.5.1 评价目的与原则 ... 124
5.5.2 评价流程 ... 125
5.5.3 评价指标体系的构建 ... 125
5.5.4 基于物元模型的评价方法 ... 130
5.5.5 评价结果 ... 132
5.6 基于土地使用优化的交通发展模式政策分析 ... 134
5.6.1 慢行交通模式对于中等城市适宜性分析 ... 134
5.6.2 基于慢行交通发展模式的政策及措施 ... 134

第6章 LUTIPSS：基于GIS的土地使用和交通一体化规划决策支持系统 ... 136
6.1 概述 ... 136
6.2 LUTIPSS系统组件 ... 137
6.2.1 地图操作模块 ... 137
6.2.2 空间规划模块 ... 137
6.2.3 交通规划模块 ... 140
6.3 系统应用 ... 140
6.3.1 土地使用规划草案 ... 140
6.3.2 交通需求预测 ... 144
6.3.3 土地使用布局精细化 ... 145
6.3.4 交通规划 ... 145
6.4 小结 ... 147

第7章 结论 ·· 148

7.1 研究创新与意义 ··· 148

　　7.1.1 首次提出基于一体化规划编制的政策决策支持思路及框架 ··············· 148

　　7.1.2 在决策辅助系统中通过导入基于政策的情景规划来应对未来发展中的不确定性 ··· 148

　　7.1.3 提出了交通对土地使用的互动反馈路径及其技术实现 ······················ 148

　　7.1.4 开发了适用于我国规划编制的一体化规划支持系统 LUTIPSS ··········· 149

7.2 研究不足与展望 ··· 149

　　7.2.1 研究需进一步讨论 ··· 149

　　7.2.2 研究展望 ·· 150

参考文献 ·· 151

第 1 章 绪论

1.1 研究背景

当前,我国正处于快速城市化阶段,农村人口向城市人口转化,乡村也正逐步向城市转化。但我国的城镇体系建设尚未合理有序,东部及东南部沿海大城市或特大城市仍是吸纳城市化人口的主要空间载体,从而导致了人口过度集中于大城市,而部分中小城市发展动力不足。至 2013 年底,我国有 4 个直辖市、28 个省会城市,2 个特别行政区(香港和澳门),285 个地级市及以上的城市,以及 368 个县级市(中国中小城市经济发展委员会,2014)。其中 162 个地级市和几乎所有的县级市都属于中等城市和小城市的范畴。

中等城市在我国所占比重大,其发展不仅关乎我国城市化的总体进程,还关系到国家长期发展的战略部署。目前,针对大城市以及城市群的城市发展规划研究已经非常完善,并且各级政府在政策上给予了足够的支持与关注,但是关于中等城市发展规划的研究却很少,国家在政策制定上也未给予充分的重视。

城市空间是城市发展的最终载体,其中土地利用结构和城市形态深刻影响着城市发展的质量和前景。农村人口的大规模涌入,给城市空间结构的合理规划带来了巨大挑战,同时交通作为城市的基本功能之一,也面临着人口激增的压力。目前我国的大多数城市都是一个中心的空间结构,在城市快速扩张的进程中,多数城市仍保持单中心的城市结构。市中心既是政治、经济和文化的中心,同时也是就业中心。高房价促使居民居住在远离市中心的地方,因而产生了长距离的通勤。最新的调查显示北京单程平均通勤时间已达到 97 分钟(北京师范大学劳动力市场研究中心,2014)。对于大城市来说,现有的土地使用模式仅能够通过城市更新来改变,而对中等城市来说仍有很多机会,可在长期的土地使用总体规划中布局新的副中心,以缓解交通拥堵和职住分离等问题。

城市土地使用与交通系统的协调发展研究一直是城市规划管理、城市交通和城市地理领域的热点问题。相关研究结果表明,城市发展政策往往是影响城市发展的重要因素,例如国家的发展政策、城市的社会经济发展政策等,这些整体的、宏观的政策决定了城市未来发展的主要趋向,它们也同样会影响城市各类机构、职能部门的政策决定,成为这些机构、部门行动的指南。同样,各类机构和部门在城市发展政策的指引下出台的部门政策也影响甚至决定了城市规划及其他规划的内容,如国家和城市的产业政策、土地政策、环保政策、交通发展政策及其他部门发展的政策等。因此,在快速城市化和强调科学发展观的大背景下，我国中等城市土地使用结构与交通体系的研究具有重要的理论意义和实践价值。合理的土地使用结构与科学的交通体系可以从根源上优化城市空间结构、解决城市交通问题，使城市的发展呈现合理、科学、高效、持续的良性状态，使城市与自然环境高度和谐、共存、共生，从而为整个人类生存环境的可持续发展作出贡献。

1.2 相关概念的界定

1.2.1 中等城市

由国务院于 2014 年 10 月 29 日以国发 [2014]51 号印发的《国务院关于调整城市规模划分标准的通知》，对原有城市规模划分标准进行了调整，明确了新的城市规模划分标准以城区常住人口为统计口径，将城市划分为五类七档，其中城区常住人口 50 万以上 100 万以下的城市为中等城市。

中等城市是城市化进程的主要推动力量，中等城市处于城市体系金字塔结构的中间地带，上接大城市，下连小城镇，是发展地方区域经济、带动农村发展的龙头，是转移制造业和农村劳动力的承接地，对促进大、小城市的发展起了积极作用，而且在推动区域城市化全面发展过程中占据着举足轻重的地位。随着近年来，我国城镇化的快速推进，很多城市跻身于中等城市的范畴。然而，由于中等城市在城市结构、经济实力、信息技术、交通特性等方面与大城市存在较大差异，相应的交通问题、症结也表现不同，城市的扩张导致了出行方式结构的改变，带来了新的交通问题。我们认为所研究的中等城市应该具有以下基本特征：

1）城市已经形成一定的发展规模，有明显的土地使用空间特征。
2）城市已经形成一定的交通结构规模，有明显的交通模式特征。
3）有较长的建城时间，已有一定的城市空间、道路交通演变历史。
4）交通模式中不包含轨道交通。

本书的中等城市除了应该遵循"中等城市"概念界定的基本特征之外，还应反映不同经济地区、不同地形特征和不同发展规模的中等城市的土地使用结构和交通体系特征，同时对该中等城市有一定的了解程度，并已获取或能获取大量的基础数据。

1.2.2 土地使用

1）土地使用概念的界定

土地使用这一术语最初来自农业经济学，是指在特定的社会生产方式下，人类依据土地的自然和社会属性，进行有目的的开发、利用、整治和保护的活动过程。城市规划领域中，"土地使用"的一般意义是城市功能范畴（如居民区、工业区、商业区、零售区、政府机关空间及休闲区）中的空间分布或地理类型。

城市土地使用，又称城市用地，是指用于建设和城市技能运转所需要的土地，包括已经建设利用的土地和已列入城市规划区范围尚待开发使用的土地。根据我国2012年1月开始施行的国家标准《城市用地分类与规划建设用地标准》（GB 50137—2011），将城市建设用地分为8大类，如表1-1所示。

城市建设用地分类和代码 表1-1

类别代码	类别名称	内容
R	居住用地	住宅和相应服务设施的用地
A	公共管理与公共服务用地	行政、文化、教育、体育、卫生等机构和设施的用地，不包括居住用地中的服务设施用地
B	商业服务业设施用地	各类商业、商务、娱乐康体等设施用地，不包括居住用地中的服务设施用地以及公共管理与公共服务用地内的事业单位用地
M	工业用地	工矿企业的生产车间、库房及其附属设施等用地，包括专用的铁路、码头和道路等用地，不包括露天矿用地
W	物流仓储用地	物资储备、中转、配送、批发、交易等的用地，包括大型批发市场以及货运公司车队的站场（不包括加工）等用地
S	交通设施用地	城市道路、交通设施等用地
U	公用设施用地	供应、环境、安全等设施用地
G	绿地	公园绿地、防护绿地等开放空间用地，不包括住区、单位内部配建的绿地

表征城市土地使用的相关概念主要包括城市土地使用结构、土地使用形态、土地混合使用程度、土地价格、人口密度、容积率等。其中，土地使用结构是指某一地区各种类型土地面积的比例构成；土地使用形态则是指土地使用结构在时空上的布局形式；土地混合使用是指某一地区具有多种性质的土地使用；土地价格是指土地价值（有时用房产价值代替）的货币表现；人口密度是指单位面积的人口数量，它是土地使用强度的重要表征指标；容积率是指一定地块内总建筑面积与建筑用地面积的比值，它也是土地使用强度的重要表征指标。

2）城市空间结构概念演变

城市是一定地域范围内发展的空间实体，其各项要素及其诸多功能都不是随意分布的，而是依据一定的空间秩序有规律地联系在一起，形成一定的空间结构。城市空间结构是城市地理学、城市规划学和社会科学的研究核心之一，是一个跨学科研究对象。中外学者对城市空间结构有着不同的界定，主要观点如下。

弗利（Foley, 1964）认为城市空间结构不仅具有空间概念的内涵，还具有时间的内涵，即城市空间结构是一定的自然环境条件下城市的经济和社会活动的产物，特别是城市生产和生活的经济活动都按照各自的区位要求，形成在空间位置和规模上相互密切联系的集合体。同时，城市空间结构又是历史与文化的产物，其结构布局的形成是一个历史过程，是城市化的最终物质产品。

伯恩（L. S. Bourne，1971）运用系统理论对城市空间的概念进行界定，认为城市系统包括3个核心概念：①城市形态（urban form）是指城市各个要素（包括物质设施、社会群体、经济活动和公共机构）的空间分布模式；②城市要素的相互作用（urban interaction）是指城市要素之间的相互关系；通过相互作用，将个体要素整合成为一个功能体，即子系统；③城市空间结构（urban spatial structure），是指城市要素的空间分布和相互作用的内在机制，即将城市各个子系统整合为城市空间大系统的作用机制。

哈维（D. Harvey，1973）认为任何城市空间理论必须研究空间形态和作为其内在机制的社会过程（social process）之间的相互关系。城市空间结构具有两层含义：从表征看，是城市各组成要素的特征和空间组合格局；从内涵看，是人类的经济、社会、文化活动在历史发展过程中的物化形态，即人类活动与自然因素相互作用的产物。

诺克斯和马斯顿（Knox and Marston，1998）在论述城市空间结构和土地使用的关系时指出，城市空间结构反映了城市运行的方式，既把人和活动集聚到了一起，又把他们挑选出来，分门别类地安置在不同的邻里和功能区。

叶和吴（Yeh and Wu，1995）认为作为主流社会结构的有形标志，城市内部空间结构明确地反映了政治和公共政策的关系。

诺克斯和马斯顿（Knox and Marston，1998）、叶和吴（Yeh and Wu，1995）分别从土地使用、政治和公共政策的角度来认识城市空间结构，使人们对城市空间结构的宏观认识又进了一步。

潘海啸（1999）认为城市空间结构就是城市社会经济活动在物质空间上的投影。顾朝林等（2000）认为城市空间结构主要从空间的角度来探索城市形态和城市相互作用网络在理性的组织原理下的表达方式。城市空间结构与城市空间形态之间是相互影响、相互依赖的关系，空间结构影响了空间形态，而空间形态又往往限定了空间结构。一般来说，城市空间结构的增长都是基于原有的城市形态背景，其总体上是一个不断修正的渐进过程，而城市空间形态的非稳定性又是激发空间结构增长的动力（表1-2）。

关于城市空间结构的主要定义比较　　　　　　　　　　　表1-2

作者	时间	含义特点
弗利 （Foley）	1964	不仅具有空间概念的内涵，还具有时间的内涵。城市空间结构是一定的自然环境条件下城市的经济、社会、历史、文化活动的产物。城市空间结构反映了城市运行的方式，既把人和活动集聚到了一起，又把他们挑选出来，分门别类地安置在不同的邻里和功能区
伯恩 （L.S.Boume）	1971	系统理论对城市空间的概念进行界定。城市空间结构（urban spatial structure），是指城市要素的空间分布和相互作用的内在机制，即将城市各个子系统整合为城市空间大系统的作用机制

续表

作者	时间	含义特点
哈维（D. Harvey）	1973	包含空间形态和作为其内在机制的社会过程。从表征看，是城市各组成要素的特征和空间组合格局；从内涵看，是人类的经济、社会、文化活动在历史发展过程中的物化形态，即人类活动与自然因素相互作用的产物
叶和吴（Yeh&Wu）	1995	明确地反映了政治和公共政策的关系
诺克斯和马斯顿（Knox&Marston）	1998	从土地使用、政治和公共政策的角度来认识城市空间结构
顾朝林	2000	从空间角度对城市进行的考察，是在城市结构基础之上增加了空间维的描述

3）空间结构与土地使用的关系

城市空间结构是指城市要素的空间分布和相互作用的内在机制。城市土地使用的方式（功能和构成）和强度，决定了城市空间结构的二维基面和基本形态格局，"城市形态"是其表现形式，而要素之间的相互作用，以及城市中各种活动对不同区位的竞租过程，形成了城市系统运行的内在机制。

1.2.3 交通体系

1）体系

体系的一般含义是：一个由某种有规则的相互作用或相互依赖的关系统一起来的事物的总体或集合体；一种由发展或事物的相互联系的性质所形成的各部分的自然结合或组织；一个有机的整体。

2）交通模式

交通模式的定义是：在用地布局、人口密度、经济水平以及社会环境等特定条件下形成的交通方式结构，即各种交通方式承担出行量的比例分配。城市交通模式反映了城市交通的发展战略，是在发展战略指导下交通的建设、运行、管理以及其他要素的总和，目的是使城市中各种交通方式所占的比例达成最佳和较稳固的平衡，从而全方位、多层次、高质量地提供方便、舒适、迅速、安全的交通服务条件。

3）城市交通体系

城市交通体系的含义广泛，不同的角度有不同的描述。

从供需的角度可界定为交通需求与交通供给两大层面。其中，交通需求是指社会经济活动在人和物的空间位移方面所提出的对交通设施和交通工具的需要；交通供给则是指交通生产者所提供的交通服务的总和，包括交通基础设施和交通工具的供给以及为交通需求提供的其他相关服务。交通需求和交通供给相互影响、相互作用，需求是供给产生的原因，而供给的目的在于更好地为需求服务。表征城市交通需求的相关概念包括交通量、交通方式结构、出行距离、出行空间分布等。表征城市交通供给的相关概念包括交通容量（traffic capacity）、交通建设投资水平、交通设施结构、交通设施配置，以及相应的交通政策与策略引导、保障等。

从交通行为的角度，城市交通体系可分为城市运输体系（交通行为的运作）、城市道路体系（交通行为的通道）和城市交通管理体系（交通行为的控制）3个方面。前两者属于交通基础设施，与城市土地使用直接相关，而交通管理体系是整个交通系统正常、高效运转的保证。

城市交通体系作为一个复杂的系统，从讨论城市交通体系的系统层次性的角度，可将城市交通体系大致分为3个层次，具体如图1-1所示。

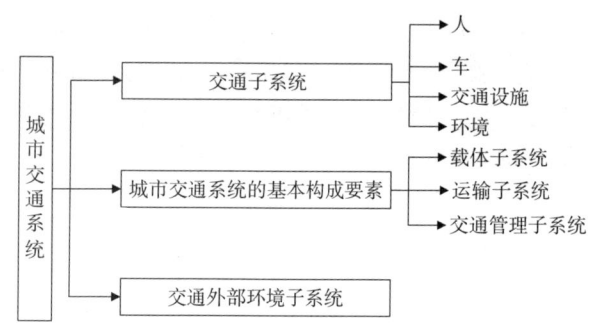

图1-1　城市交通系统构成图

从系统组成来看，城市交通体系主要包括如下几个部分：一是交通基础设施，主要指城市交通网络；二是交通结构，指的是各种交通方式在城市交通中所起的作用；三是交通建设、管理和运营政策和策略。各组成部分之间既相互联系，又相互影响，是相辅相成的关系，组成了城市交通体系。

以上对于城市交通系统的定义，均是不同角度各有其内涵，城市交通系统各组成部分之间皆是相互联系、相互影响、相辅相成的关系。

本书所提出的城市交通体系，着重于指与城市土地使用、资源环境容量发展相适应的城市交通系统的总称，研究内容主要包括交通网络容量及格局、交通方式结构以及交通发展所采取的政策、策略等方面。

其中，城市交通网络主要指与城市用地布局相适应的城市道路网络、客货运网络、公共交通网络及停车场系统等。交通方式结构指的是公共交通、个体交通等各种交通方式在城市交通中的形式、比重和作用。

1.2.4　发展政策

在市场经济条件下，市场是配置资源的基础力量；市场主体追求的是效率，而政府的职能是维护市场秩序、克服市场的低效和失效，并追求社会公平。政府的职能内涵要由一系列公共政策来演绎，并通过公共行政程序来落实。

1) 城市空间发展政策

城市的发展政策包括多方面，例如人口、城市用地、水资源利用、环境保护、产业发展与区域及城市协调发展等，不仅仅关系到城市的建设与发展，同时也影响着社会经济的发展和人民的正常生活。城市空间发展政策主要通过城市部门管理机制进行实现，引导城市的空间布局与城市土地使用，完善城市各种功能结构作用的发挥。本书所涉及的城市空间发展政策涉及城市空间布局、城市土地使用及各种功能的发挥与协调。

城市空间政策与城市规划的关系可以表述为：城市规划是城市空间政策陈述的一种方式，在理论上，它所陈述的内容本身就应当是政策的内容并发挥政策的作用，而且在一定的程度上，城市规划所确立的政策更具有基本性和整体性。在城市总体规划的层面上，城市发展的目标、发展战略、城市的功能布局、城市各项要素的安排及规划实施的策略等，是城市未来发展的指引，这些内容应当成为城市整体和各部门、机构制定政策的依据，各项政策应当是实现总体规划所确立的基本原则及其安排。从公共行政的角度看，城市规划是政府针对市场失灵而进行公共干预的具体手段之一，这种干预涉及社会利益的调节及效率和公平的权衡，因而既要有基于价值判断的"公共政策"导向，也要有法律的授权和约束。也就是说，公共政策的清晰合理与公共行政机制的法治化缺一不可。

2) 城市交通体系发展政策

城市交通体系发展政策从交通供给和交通需求两个方面进行讨论：

（1）交通供给增长和完善政策，通过道路和交通设施的增加及完善来满足交通需求；

（2）交通需求引导和控制政策，通过鼓励交通需求转向大容量的公共交通，并对个体机动交通（主要是小汽车）的使用和拥有采取控制和引导，达到更高效率地利用交通供给设施的目的；

（3）交通需求与交通供给的城市空间结构优化政策，通过城市空间结构的调整引导交通需求与供给的区位变动，从而对城市交通流量进行更合理的分配。

通过对伦敦、巴黎、东京、纽约、新加坡和香港等世界大城市的交通发展的规律研究表明，世界大城市在解决交通问题的过程中都积极地运用交通供给、交通需求和空间结构优化三类政策。世界大城市不仅建成了较完善的道路网络系统，而且无一例外地采取交通需求管理政策，包括建设轨道交通，倡导公交优先，同时对小汽车的拥有和使用进行调控等。在空间政策方面，世界大城市都趋向于通过卫星城或新城的建设，疏解集聚的城市人口、产业和功能，借以缓解中心城的交通拥挤。

3) 城市土地使用与交通协调发展政策

土地使用与交通协调发展的相关政策法规主要包括城市社会经济发展政策、交通政策、土地政策等，相关影响因素主要包括城市规划理念与规划目标、产业发展政策、土地供应政策、交通发展策略等,既包括宏观调控政策,也包括具体规范标准。

1.2.5 小结

当前,关于土地使用与交通体系的研究多集中于大城市或特大城市,对中等城市的研究较少,且中等城市相对于大城市有着其经济、社会和文化等方面的特殊性,不可直接照搬大城市的经验。结合本书特点,从城市规划的视角出发,着重讨论城市土地使用的内在组织机制及外在表象形态特征,重点在于对城市规划区内的城市建成空间布局及利用的研究。城市土地使用的概念涵盖了城市交通体系部分,城市交通体系是城市土地使用的子系统;同时,城市交通体系的规划依赖于其他类型城市空间的部署和利用方式的明确。城市土地使用与城市交通体系存在着复杂的相互关系。交通是城市的重要功能之一,对资源和环境的影响巨大。结合本书特点,城市土地使用包括除交通体系外的其他城市空间的内在组织机制及外在表现形态特征,并着重探讨城市规划区内的城市建成空间。城市交通体系则是相对于其他城市空间存在的交通系统,与其他城市空间构成了"源流"关系(图1-2)。

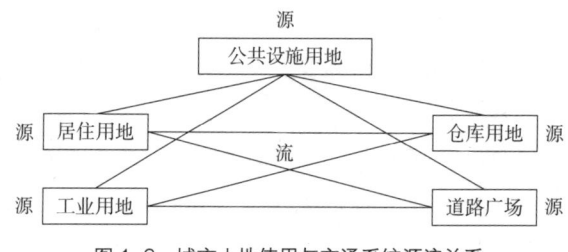

图1-2 城市土地使用与交通系统源流关系

本书研究的城市空间发展政策与交通体系政策,主要对实现城市土地使用规划与交通规划一体化的优化政策进行探讨。研究的目的在于能够通过政策的引导,促进中等城市高效、可持续的空间发展与交通发展模式,从而既满足中等城市的发展需求,同时也可以预防城市发展带来的土地使用及交通问题。

1.3 相关研究探索简介

1.3.1 城市发展理念探索

1)生态城市

生态城市(英文说法有 ecocity、ecological city、ecopolis 等),其理论从最初在城市中运用生态学原理,已发展到包括城市自然生态观、城市经济生态观、城市社会生态观和复合生态观等的综合城市生态理论,提出了以生态学的视角解决城市发展问题中的一系列对策。

苏联生态学家亚尼茨基（O. Yanitsky，1984）认为：生态城市是一种理想城市模式，其中技术与自然充分融合，人的创造力和生产力得到最大限度的保护，物质、能量、信息高速利用，生态良性循环。美国生态学家雷基斯特（Register，1987）认为：生态城市追求人类和自然的健康与活力，即生态健全的城市，是紧凑、充满活力、节能并与自然和谐共存的聚居地。

黄光宇（1989）认为：生态城市是根据生态学原理，综合研究城市生态系统中人与"住所"的关系，并应用社会工程、生态工程、环境工程、系统工程等现代科学与技术手段协调现代城市经济系统与生物的关系，保护与合理利用一切自然资源与能源的再生和综合利用水平，提高人类对城市生态系统的自我调节、修复、维护和发展能力，使人、自然、环境融为一体，互惠共生。沈清基（1998）认为：从城市生态学角度看，城市是由社会、经济和自然三个子系统构成的复合生态系统。一个符合生态规律的生态城市的复合生态系统应该是结构合理、功能高效、关系协调、达到动态平衡状态的城市生态系统。

2）可持续城市

1987年，联合国环境与发展委员会在《我们共同的未来》一书中正式提出可持续发展（sustainable development）——"既满足当代人的需求，又不对后代人满足其自身需求的能力构成危害的发展"的命题，随后"可持续发展"逐渐成为全世界共同追求的目标。西方城市发展研究认为，城市可持续发展是一个进展演变的过程（Batty，1995）。在其时间演变过程中，人口、资源、环境、经济与社会各要素之间由于出现数量与质量上的不协调，其发展过程包括起动期、发展期、成熟期和发展顶级期。

沃尔特（Walter，1994）认为城市要想可持续发展，必须合理地利用其本身的资源，寻求一个友好的使用过程，并注重其中的使用效率，不仅为当代人着想，同时也为后代人着想。恰林基（Tjallingii，1995）在谈到越来越严重的城市环境问题时，指出绝对不能随意地把这些环境问题留给后代或更大范围，甚至全球，这是一种责任和义务，他从这一特性出发称可持续城市为责任城市（responsible city）。内坎普（Nijkamp，1994）也认为城市应充分发挥自己的潜力，不断地追求高数量和高质量的社会经济人口和技术产出，长久地维持自身的稳定和巩固其在城市体系中的地位和作用。对大多数城市来讲，特别第三世界城市，只有提高城市的生产效率以及物质产品的产出，才能永葆其生命活力。耶夫塔克（Yiftachel，1993）提出，城市可持续发展在社会方面应追求一个人类相互交流、信息传播和文化得到极大发展的城市，以富有生机、稳定、公平为标志，而没有犯罪等。

3）宜居城市

宜居城市，最初主要是关注如何改善城市的居住环境。David L. Smith在其著作《宜人与城市规划》中，将宜居城市阐述为3个层面的内容：①在公共卫生和污染问题等层面上的宜人；②舒适和生活环境美所带来的宜人；③由历史建筑和优美的自然环境所带来的宜人。从20世纪70年代开始，宜居城市的研究更多地关注居民的生活质量以及影响居住区的综合因素。近年来，随着可持续发展理念在社会、经济以及人们日常生活中的深入，可持续发展成为宜居城市建设的核心内容之一。

Salzano（1997）从可持续发展的角度发展了宜居的概念，认为宜居城市连接了过去和未来，它尊重历史的烙印（我们的足迹），也尊重后代。Asami（2001）强调城市环境的可持续性，他认为，对于人们居住的环境，不仅要从个人获得的利益（或损害）的角度来考察，如安全性、保健性、便利性、舒适性等，也要考虑个人对整个社会做出了何种程度的贡献，即必须建立起"可持续性"的理念。P. Evans（2002）除强调城市的可持续性外，也重视城市的宜居性，他认为，适宜居住意味着工作地充分地接近居住地，收入水平与房租相称，能够接近提供健康生活环境的设施。M. Douglass（2002）认为环境福祉、个人福祉和生活世界是宜居城市的重要组成部分。A. Palej（2000）则从建筑和规划的角度讨论了宜居城市的建设，他认为，宜居城市的社会组织的元素（它们通常是交流友谊的地方或不可或缺的部分）能够被保存和更新。Vanessa Timmer和Nola-Kate Seymoar（2006）总结了大温哥华地区的宜居规划和部分学者的观点，他们认为，宜居型的指标可以包括：进入绿色空间的公平性、基本的生活服务设施、居民的可移动能力和对他们生活的城市发展决策的参与性。

1996年联合国第二次人居大会提出了城市应当是适宜居住的人类居住地的概念。在通过的《北京城市总体规划（2000-2020年）》中，首次提出"宜居城市"是北京城市发展的目标。2005年7月，时任国务院副总理曾培炎在全国城市规划工作会议上要求"要把宜居城市作为城市规划的重要内容"之后，全国有很多城市把"宜居城市"列为城市发展的目标。

国外对宜居城市的理解比较注重城市现有和未来居民生活质量的三大类因素，即适宜居住性、可持续性、适应性。关于宜居性除关注城市的居住环境外，对居民参与城市发展的决策能力也很重视，并认为这是宜居性的重要表现之一；关于城市的可持续发展，追求的不仅是当前城市居民生活质量的高低，也重视城市的可持续发展潜力；另外，城市对危机和困难的可适应性也是宜居城市发展的重要内容。

4）精明增长

"精明增长"（smart growth）出现于20世纪90年代，其对象是城乡政府，针对郊区的无序扩张、内城衰败和因扩大城区、分散交通导致的整个地域的空气污染等"城市蔓延"（urban sprawl）问题，把开发和生活质量连接起来，利用新的增长去改善社区环境。总的来说，"精明增长"把时间、注意力和资源放在恢复市区与老近郊的活力和社区感，以"城"为本位，以公共交通和步行为导向，混合住房、商业和商店各用途，保留空地及环境设施。其目标是通过规划紧凑型社区，充分发挥已有基础设施的效力，提供更多样化的交通和住房选择来努力控制城市蔓延。

"精明增长在线"（SGO）提出了精明增长的 10 条原则：①混合式多功能的土地使用；②垂直而非水平的紧凑式建筑设计；③能在房屋的面积和样式上满足不同阶层人们的住房要求；④步行式社区；⑤创造有个性和富有吸引力的居住场所感觉；⑥增加交通工具种类选择；⑦保护空地、农田、风景区和生态敏感区；⑧加强利用和发展现有社区的开发；⑨做出可预测、公平和有益的发展决定；⑩鼓励公众参与。

2000 年 10 月，美国规划协会联合 60 家公共团体组成了"美国精明增长联盟"，确定"精明增长"的核心内容是：用足城市存量空间，减少盲目扩张；加强对现有社区的重建，重新开发废弃、污染工业用地，以节约基础设施和公共服务成本；城市建设相对集中，密集组团，生活和就业单元尽量拉近距离，减少基础设施、房屋建设和使用成本。

"精明增长"强调环境、社会和经济可持续的共同发展，强调对现有社区的改建和对现有设施的利用，强调生活品质与发展的联系，是一种较为紧凑、集中、高效的发展模式。

5）紧凑城市

随着可持续发展理念被全世界所广泛接受，被部分学者认为是一种"可持续发展的城市形态"的"紧凑城市"开始登上历史的舞台。紧缩城市的构想在很大程度上受到了许多欧洲名城的高密集度发展模式的启发。

1990 年，欧共体于布鲁塞尔发布了《欧洲城市环境绿皮书》，提出鼓励更多的多样性，避免城市扩张等观点。1991 年，埃尔金（Elkin）提出：一个可持续性城市"必须具有便于步行、非机动车通行及建立公共交通设施的形态及规模，并具有一定程度的紧缩性以便于人们之间的社会性互动"。1992 年，布雷赫尼（M. Breheny）发表了《可持续发展与城市形态》。1994 年，哈格顿和亨特（Harghton & Hunter）认为较高的城市密度将有助于提供经济上可行的市政设施并促进社会的可持续性发展。1996 年，《紧缩城市———一种可持续发展的城市形态》发表，其作者认为：紧凑城市理论在一定程度上是以限制城市扩张为前提的，通过对集中设置的公共设施的可持续性的综合利用，将会有效地减少交通距离、废气排放量并促进城市的发展。迄今为止，"紧凑城市"的理论已经不仅限于对土地的节约，实际上已经发展成为一种集约化城市发展的模式，包括对能源、时间等的集约利用，以实现城市的可持续发展。

城市形态与可持续发展之间存在着紧密的联系，但是这种联系却并不是那么简单和直接——"危险也正在于此，以为通过城市形态的改革就能实现可持续性发展并创造出幸福美好的城市生活，这只能是一种浪漫的幻想"。从坏的方面来讲，紧缩城市将是一个过度拥挤、缺乏城市开阔地的居住环境，它是以降低城市生活的质量以及造成更多的能源消耗和污染为代价的（Breheny，1992）。对于环境与资源，部分研究者的观点是，紧缩化的城市环境所能产生的益处是微乎其微的，相反，城市的可持续性发展只能在低密度的、各居民区自给自足的环境中才能更好地实现。研究者进一步指出，较之城市交通模式的改革，市民交通行为的改变及适宜的环境技术的提高更能促进城市的紧缩化发展。

6）低碳城市

为有效应对全球气候变化，减少二氧化碳等温室气体的排放，低碳经济、低碳城市的研究和实践逐渐成为热点话题。城市作为碳减排的关键，低碳城市的概念也应运而生，但对于低碳城市目前国际上尚无统一界定的内涵。根据世界自然基金会（WWF）的定义，低碳城市是指城市在经济高速发展的前提下，保持能源消耗和二氧化碳排放处于较低的水平。一般认为低碳城市是在城市中发展低碳经济，最大限度地减少城市温室气体的排放，实现低碳社会的目标。因此，要理解低碳城市的内涵，首先要理解"低碳经济"和"低碳社会"的概念。

"低碳经济"一词首先出现在英国《我们未来的能源——创建低碳经济》（State for Trade and Industry，UK，2003）白皮书中，其核心思想是以更少的能源消耗获得更多的经济产出。2007年日本提出"低碳社会"理念，认为没有"低碳社会"就无法发展"低碳经济"，"低碳社会"遵循的原则是：减少碳排放，提倡节俭精神，通过更简单的生活方式达到高质量的生活，从高消费社会向高质量社会转变，与大自然和谐生存，保持和维护自然环境成为人类社会的本质追求。"低碳经济"概念强调技术和生产方式的转变，"低碳社会"概念强调生活和消费方式的转变，但二者的目标都是为了促进人类的碳减排。

一般认为，低碳城市是以城市空间为载体发展低碳经济，实施绿色交通和建筑，转变居民消费观念，创新低碳技术，从而最大限度地减少温室气体的排放。

1.3.2 土地使用与交通一体化

交通拥堵、环境污染和能源短缺是威胁城市交通可持续发展的三大主要因素。早期人们试图从技术上改善路网形式、提高交通工具的排放标准、降低交通工具资源消耗来改善城市交通问题。但当这些手段无法从根源上解决交通拥堵及能耗，人们开始反省是否应该从土地使用与交通体系的协调发展的视角来分析研究问题，以从根本上解决城市交通问题，保证城市交通的可持续发展。

美国在20世纪60年代后期，蔓延式发展使得土地使用失去控制，高速公路的扩张并不能满足交通需求，美国逐渐开始注意交通与土地之间关系的协调，20世纪80年代开始寻求交通运输与土地使用之间的平衡。20世纪90年代提出土地使用与交通系统的可持续发展。后来，许多学者从不同角度出发研究了土地使用与交通系统的可持续发展，概括起来一个共同持有的观点就是，在保护环境的总前提下，交通运输与土地使用一体化是实现交通系统可持续发展的政策之一。Roger Mackett和Marion Ezsdn认为"可持续城市"（sustainable city）的一个重要表现就是用有吸引力的公共交通来替代小汽车，并提出建立一个专家系统，在政策决定过程中对如何建立新的城市公共交通系统提出建议。Stephen Potter和Martin J. Skinner提出可以减少个人出行影响的技术不能将交通的影响降低到可持续发展的程度，只有包括健康、城市再生和教育等多个其他领域的高度一体化的战略才能促进交通的可持续性。Harry Geerlings 和 Dominic Stead 指出在土地使用规划、交通和环境政策研究领域，人们普遍接受"对这些部门进行一体化决策对可持续发展至关重要"的观点，并根据这一观点对欧洲的土地使用规划、交通和环境的政策进行了一体化研究。Angela Hull 提出基于可持续发展的一体化城市交通政策，并以英国布里斯托尔（Bristol）和纽卡斯尔（Newcastle）两个城市进行交通规划一体化程度的对比分析，指导英国交通规划一体化从概念走向现实。Bertolini.F. Le Clercq 和 L. Kapoen 以挪威的两个地区为实例进行研究，用来说明可达性（accessibility）的概念给交通规划和土地使用规划的一体化提供了一个有用的概念框架。Jonas A. kerman 和 Manias Hojer 则认为能源使用量的降低要依靠节能汽车、IT 服务和城市规划的紧密联合。

1.3.3　土地使用与交通一体化规划

城市土地使用与交通一体化一直是城市研究的核心内容之一，前者决定了居住和就业人口的空间分布，而居民与就业地点的通勤联系构成了交通主体，但过度的居民出行造成交通拥堵，降低整体和局部的可达性，从而影响该区域的用地布局。总之，城市土地使用与交通是相互影响的，从最早的基于区位特征分析的土地模型，到后期的土地使用与交通相互关系分析，均是围绕着两者协调发展展开研究的。

城市土地使用与交通一体化规划研究从 20 世纪 60 年代的 Lowry 模型开始，国内外众多学者在这一领域进行了探索实践，并取得了非常瞩目的成就，土地使用规划模型发展依次为简单可视化模型、非市场基于规则模型、基于价格信号模型以及基于空间经济型模型，而交通规划模型从传统的四阶段模型，逐步升级到基于 logit 模式划分的模型、基于出行的模型以及基于活动的模型，但在实践当中无论模型如何精确均无法准确模拟复杂的土地使用与交通互动过程。造成众多精确的一体化模型始终不被用于规划实践，主要是其始终尝试基于市场经济原理的运行模拟，而非对于规划实践的决策支持。

城市土地使用与交通一体化规划是建立综合解决城市交通问题和实现城市可持续发展的关键，土地使用规划与交通规划的协调发展的重要性已得到广泛认可，但受限于二者之间错综复杂的关系以及我国规划编制的特殊性，国内外已有的众多一体化模型并不适用于我国的城市规划编制。

1.3.4　小结

生态城市、可持续城市、宜居城市、精明增长和低碳城市都是针对城市在发展过程中所产生的问题而提出的思想上的解决途径，每个概念各有侧重。生态城市源于生态学的理论基础，初期侧重于研究城市自然生态方面，后又融入经济生态、社会生态等概念，试图以生态的观点来创造和谐的城市环境；可持续城市概念产生之初便融合了自然、人文、社会、经济等城市发展过程中的方方面面，其基点为"发展"，同时要求"可持续"，指明了城市发展和前进的方向；宜居城市最初以优化居住环境为出发点，后增加了生态、经济、社会等内容，丰富了其内涵，其思想基础是"以人为本"，强调城市的"人"的属性；精明增长则是针对"城市蔓延"而提出的解决思路，强调内城的更新、对无序扩张的限制、公共交通的引导等方式，其本质是对增长的相对控制。低碳城市则是强调整个社会生活方式的转变，实现碳减排。

以上城市发展概念及其规划方法都为城市发展过程所产生的问题提供了多种解决途径，但由于其内容较为庞杂，较少针对某特定问题提出解决方案。当前资源与环境对我国城市发展的制约已越来越明显，本书着重探讨我国中等城市空间发展和交通体系的优化。因此，只有交通引导和支撑空间发展才能从根本上减少资源的消耗和降低环境的污染，实现交通与土地使用的互动反馈，从而探索适合中国国情的土地使用与交通一体化规划决策支持系统，本书研究的关键内容也在于此。

1.4 研究思路、内容和方法

1.4.1 研究思路

城市空间发展与交通发展政策主要是为保障城市与交通系统的高效运营而制定的政策措施，而我国城市空间政策和交通政策的制定与实施具有多种形式，涉及多个部门。本书结合城市总体规划与综合交通规划，对城市土地使用与交通体系发展进行研究，然而目前城市总体规划与综合交通规划受限于管理体制问题仍然是属于分开独立编制。2010年住房和城乡建设部提出的城市综合交通体系规划须与城市总体规划同步编制的规定，为推动土地使用与交通一体化规划工作提供了政策和体制基础。本书研究思路：分析在不同政策情景下城市土地使用与交通体系一体化规划过程，并通过规划决策支持系统选择城市空间发展政策和交通系统政策实施的最优方案。

1.4.2 研究内容

本书以保护环境、减少资源消耗为切入点，从城市土地使用和城市交通体系两方面着手，探讨城市空间结构与交通体系的相互关系及作用，重点研究中等城市土地使用和交通体系的适宜发展政策，并将政策落实到城市土地使用与交通体系合理规划方法与理论中，运用土地使用与交通一体化规划决策支持系统做出政策评价。

土地使用方面。研究中等城市的土地使用特征和存在的问题，分析其构成要素与动力机制，初步确定其不同政策方案下的空间发展的可选模式，制订其发展模式的优化策略与指导原则。

交通体系方面。研究中等城市交通体系的发展现状及存在的问题，针对其交通体系特征，初步确定中等城市交通体系可持续发展的政策方案，并制订优化途径及策略，主要包括交通供给、交通结构、交通需求、交通管理等方面。

土地使用与交通体系互动方面。结合中等城市特点，探讨中等城市土地使用和交通体系的相互影响及其互动机理和发展政策，提出中等城市土地使用与交通体系一体化规划模型，对不同空间政策和交通政策引导下的多个城市发展模式进行评价。

资源环境方面。探求不同政策下中等城市土地使用和交通体系对环境和资源的影响因子及条件，建立其在资源与环境制约下的评价体系，据此对其发展模式进行优化和整合。

本书引入规划支持系统（PSS）作为规划研究落实的技术支持，运用情景规划思想，在MCE-GIS的平台上纳入资源与环境的制约影响，优化原有模型，尤其是整合土地使用与交通系统，最终实现土地使用与交通一体化规划。

1.4.3 研究方法

1）系统论方法：本书将中等城市空间和交通体系政策以系统方法予以研究，分别在系统中融入资源和环境影响因素，并研究系统间的相互作用内容及方式。

2）复杂性科学方法：城市是一个复杂的巨系统，城市空间和交通体系都受到经济、文化、科技等诸多因素影响，本书采用复杂性科学研究方法，着重探讨不同政策下资源与环境对城市空间和交通体系的影响及其应对措施。

3）类型学方法：城市空间和交通体系因地域的不同而各有相异，本书采用类型学方法，分析其城市土地使用和交通体系的特征及形成原因，把握其根本内容和特征，将其归类进行类型化研究。

4）定量研究方法：针对当前定量研究的缺乏，本书运用规划决策支持系统（PSS），对城市空间和交通体系进行量化研究，增强规划研究的科学性和可操作性。

为了达到科学、合理的研究目的，本书在研究方法上采用多种方法相结合，以规划决策支持系统定量研究为主要研究方法，同时根据研究阶段不同的分析需要采用相应方法。

1.5 研究意义

1.5.1 理论层面

1）以资源节约与环境保护为研究重点，进行土地使用与交通一体化规划。

随着经济、社会的发展，资源与环境对人类社会发展的制约也越来越明显，关乎人类发展的未来。城市作为发展的核心因素，在资源的消耗和环境的破坏过程中也扮演着至关重要的角色。当前对城市尤其是中等城市的空间及交通体系规划往往倾向于关注其经济发展，对资源与环境的重视不足。本书针对资源和环境问题，研究中等城市土地使用及交通体系的优化，完善城市空间及交通体系的研究。

2）从城市规划的视角，以资源集约利用和环境保护的前提，整合中等城市空间和交通体系，使得两者协调发展。

城市规划作为综合性较强的学科，城市空间是其研究的最重要客体之一，交通功能也是城市的基本功能之一，两者之间的关系始终是学界研究的重点之一。本书拟以资源集约利用和环境保护为前提，探讨两者之间的相互关系及作用机制，研究两者能够协调发展的条件，使两者能够相互良性促进。

3）引入资源与环境的评价指标，完善城市空间及交通体系规划评价体系。

当前对城市空间的评价研究往往集中于经济、社会或自然生态方面，而对于空间在环境、资源的影响评价则研究较少；对交通体系的评价研究则集中于交通效率、交通能耗和交通污染等方面，而与城市空间结合的环境、资源影响评价研究较少。本书拟在城市空间与交通体系规划评价体系中，引入资源与环境的影响因素，完善评价框架和体系。

1.5.2 政策层面

1）建设"两型社会"的政策需求

当前我国正处于快速城市化阶段，中等城市在其中扮演了重要的角色，合理规划中等城市空间结构，完善交通体系，对保证城市化进程良性发展、建设资源节约型、环境友好型社会有着重大现实意义。

2）综合交通体系规划编制政策

住房和城乡建设部于2010年2月提出综合交通体系规划编制应与城市总体规划同步编制，这为实现土地使用与交通的协调发展及相互反馈提供了政策基础，因此，推进土地使用与交通一体化规划决策支持系统的探索是落实政策的核心举措。

1.5.3 规划层面

1）构建土地使用与交通一体化规划支持系统

城市空间无序扩张导致资源浪费和环境污染，以及交通带来的巨大能耗和污染已经成为我们不可忽视的问题，在城市规划及交通规划编制中，考虑资源消耗和环境保护限制因素，可以直接指导构建合理的中等城市土地使用和交通体系。

2）丰富城市规划设计方法和技术手段

在目前我国城市规划设计的过程中，尤其是关于资源和环境因素，多定性分析，而较少定量研究，削弱了规划的科学性。本书将资源和环境影响因素引入规划决策支持系统（PSS），借鉴情景规划思想和MCE-GIS技术，提升规划和决策的科学性。

1.6 研究创新

1）针对中等城市的特征研究，探究节约资源和保护环境的空间和交通体系发展政策。

2）结合中等城市的空间结构和交通体系特质，构建政策引导下中等城市的土地使用与交通体系的一体化规划辅助决策系统。

3）基于复杂性科学的方法，建立基于资源和环境制约下的中等城市土地使用和交通体系的政策评价体系。

4）对当前不同的技术平台进行整合，建立支撑土地使用与交通一体化规划的共享技术平台。

第2章 中等城市空间发展与交通发展的模式及政策研究综述

2.1 中等城市空间发展模式及政策研究

2.1.1 中等城市的特征

1）我国中等城市的地区经济能力差异大

根据最新标准，至2013年底，我国中等城市有205个，按照经济能力可划分为沿海板块、中部板块和西部板块，其中沿海板块整体经济实力最强，西部板块和中部板块的能力次之。以2013年城市的城镇居民人均可支配收入计算，东西部经济能力差异显著，见表2-1。

中等城市2013年经济能力比较 表2-1

省份	城市	城镇居民人均可支配收入（元）（2013）	人均GDP（2013）（元）	省份	城市	城镇居民人均可支配收入（元）（2013）	人均GDP（2013）（元）
江苏省	江阴市	43144	166038	广东省	中山市	34274	83804
	昆山市	43436	177119		潮州市	19674	28981
	吴江市	43456	110099		增城市	32996	94188
	常熟市	43500	131169	山东省	曲阜市	27948	36877（2010）
浙江省	嘉兴市	39087	90973		邹城市	27603	64530
	金华市	36423	62688		章丘市	25628	74112
湖北省	咸宁市	18581	35165	河北省	廊坊市	26985	46046
	夷陵区	21621	74729		承德市	20636	33653
四川省	广元市	18713	16734	云南省	景洪市	23010（2014）	30788（2014）
	雅安市	22254	26622				
	蒲江县	20515	36175		沧源县	13565（2011）	9590（2011）
河南省	濮阳市	21571	31482	甘肃省	酒泉市	22389	59670
	漯河市	21174	33568				

数据来源：各城市政府统计信息网2013年统计公报

2）中等城市职能复杂，导致用地结构较为复杂

我国的中等城市一般在其地域范围内（主要是行政区管辖的范围内）为政治中心、经济中心、文化中心的职能，职能结构很复杂。与其复杂的职能相对应，中等城市在用地结构上是比较复杂的。各类用地混杂布局，造成相互干扰，尤其是服务业及产业用地都沿主要交通干道分布，形成了"追路发展"的局面，使城市形态拉成很狭长的长方形。

3）中等城市的交通问题不如大城市严重，但形势更为严峻

我国大多数的中等城市，受计划经济体制的影响，普遍形成了功能混合的内部结构组织布局，生活区与工业区就近配套建设，因而居民的交通出行量及出行距离都较合理，城市交通现存问题并不像大城市那样严重亟待解决。

但是随着经济快速发展以及人民生活方式的转变，我们发现中等城市目前所处的城市发展背景，是中国大城市及特大城市在最初发展规模时不曾遇到的，也是世界其他地区的城市少有碰到的，尤其表现为基础设施规划及建设无法支撑城市的快速发展，这种缺乏发展预期的被动局面将会对中等城市交通发展造成极大压力。

4）中等城市机动化趋势明显

对机动化交通出行方式的追求成为时尚是中等城市交通发展面临的新形势。中国目前大部分城市机动化水平不高，低于国外同等收入城市的机动化水平，潜在需求很大。"积极发展城乡公共交通，鼓励轿车进入家庭"是国家政策中明确提出的提高人民生活水平的重要战略目标。随着国家相关消费政策、产业政策的进一步落实，以及购车环境的改善，潜在需求将很快转化为实际的购买力。

事实上，近年来不仅国内（特）大城市小汽车增长速度大大加快，年递增率超过15%，中等城市的机动化趋势也很明显。现在的中等城市既要面对机动化的快速发展，也要应对不同技术性能的交通工具同时出行的局面，对中等城市简单的交通系统提出了尖锐的挑战。

2.1.2 中等城市发展过程中存在的问题

以发展的眼光看，在推进中国特色的城市化进程中，中等城市的作用至关重要。但中等城市在发展过程中，存在以下问题：

1）容易受到中心城市的扩散效应和极化效应的影响

大城市的"扩散效应"在给周边地区带来经济繁荣的同时，也造成了周边地区产业结构的单一性、重复性、经济发展的波动性、知识技术含量的低层次化，尤其是生态环境的恶化。随着大量污染型产业由城市迁至郊区，城乡环境的污染由点到线到面的蔓延扩散，城乡相互污染和转嫁的状况在大城市周边地区尤为突出。大城市极化效应对周边中小城市的社会、经济发展往往是一种阻力。如大城市强大的引力使劳动力、资金、高

层次人才等流入市区，从而牵制了周边中小城市的经济发展速度。

2）人口素质及科技水平比较低

中等城市一般都具有丰富的劳动力资源，但是这些劳动力普遍素质不高。中等城市将面临结构性就业矛盾，一方面是庞大的低素质人群在中等城市特别是农村滞留，等待转移就业，就业压力严重；另一方面是中等城市需要的高、精、尖科技人才和管理人才缺失。

由技术创新的梯度扩散理论可知，一般来讲，中等城市处于技术创新的最低能级，中等城市很难掌握最新的科学技术来支撑其发展，在很长一段时间内，这些中等城市的产业发展只能受制于技术水平较高的大城市，这在一定程度上阻碍了这些中等城市的快速发展。

3）产业结构单一、企业规模小、技术水平低

许多中等城市的发展依托于县域经济，基本上还处在传统农业经济发展阶段，工业结构不合理，资源依赖性强，缺少新兴产业支撑。中等城市的发展很大程度上依赖于产业的发展。然而中等城市产业结构单一、企业规模小、技术水平低的现象非常普遍。中等城市只有依靠技术进步，转变发展方式，并逐渐形成具有竞争力的产业聚集，才能维持可持续发展。

4）经济增长与生态资源保护冲突日趋严重

中国目前整体经济增长方式属于高耗能、高耗资源的粗放式发展，我国每年10%左右的经济增长是以30%~40%的资源消耗为代价的，相比大城市拥有技术创新及服务业主导的发展模式，中等城市经济增长与生态资源保护无论是从数量上还是程度上均面临着巨大的风险。

5）城市交通基本以地面交通为主

中等城市由于城市规模有限，城市空间结构也往往比较单一。除少数城市有联系周边大城市的城际轨道交通以外，大多数城市交通以地面交通为主。交通方式也多以小轿车为主，城市公共交通往往受制于财政实力发展不够充分。自行车在出行比例中也往往较高。因此，中等城市相比大城市而言，地面交通中多种交通方式并存，反而城市交通面临压的力较大。

2.1.3 中等城市的空间发展模式

1）城市空间发展的演化特征

Conzen MRG 的研究表明城市空间演变是"加速期—减速期—静止期"的轮回。Erickson RA 提出城市空间扩展存在"外溢—专业化阶段、分散—多样化阶段、填充—多样化阶段"。

Smailes（1966）的研究工作表明，城市物质形态的演变是一种双重过程，包括向外

扩展（outward extention）和内部重组（internal organization），分别以"增生"（accretion）和"替代"（replacement）的方式形成新的城市空间结构。

1959年，E.M.Hoover和R.Vernon借鉴生态学中演替的观点提出了城市空间连续占据（sequent occupancy）的概念，建立了一个特大城市地区的演替循环模式。

2）城市空间发展的模式研究

基于神权、君权思想研究：西方国家早期研究主要是以神权、君权思想为依托，强调以宗祠、神庙、市场等为核心的城市空间布局以及秩序化的理想结构形态。如希波丹姆斯（Hippodamus）的棋盘式路网骨架的城市空间布局、维特鲁威（Vitruvius）设想的蛛网式八角形城市结构。

基于改善生活环境研究：工业革命以来，无目标的城市扩张导致城市环境不断恶化，终于引发以改善城市生活环境为目标的近代城市规划学科的产生。初期主要研究和实践倾向于对城市物质空间的改善，影响较大的包括1853~1870年由Haussmann主持规划的巴黎改建方案，1889年维也纳建筑师Sitte提出的城市空间视觉艺术准则，以及1893年之后由H.Bunham主持的旧金山、克里夫兰和芝加哥等城市的空间发展和治理规划。

基于城市空间研究：20世纪初期至50年代，人们开始转向对城市功能空间的研究。主要的研究包括霍华德的田园城市理论、马塔（A.S.Mata）的线形城市理论及戛涅的工业城市理论。此后，这些理论不断向前发展，推动了城市空间结构的研究和实践，包括1918年E.Saarinen的有机疏散理论和大赫尔辛基方案，1922年R.Unwin的"卫星城市"模式和大伦敦方案，1930年A.Milntin的城市功能平行发展的带状结构模式和斯大林格勒方案，格里芬（Griftin）的堪培拉生态城市方案、勒·柯布西耶（Le Corbusier）的"光辉城市"和赖特的广亩城市理论等。

基于经济选择的区位研究：这可追溯至1826年杜能的农业区位论。1885年龙哈德提出了工业企业布局的"重量三角形"和"价格漏斗三角形"模型，为工业区位理论奠定了基础。1933年克里斯塔勒提出了中心地理论形成了一定区域内中心地功能、等级、数量和空间分布的系统理论。1940年的巴罗报告（Barlow Report）中提出了在区域中疏散特大城市的人口及产业，以形成城市与区域的一体化的模式。1966年弗里德曼试图通过"核心—边缘"理论阐明一个区域如何由互不关联、孤立发展，到发展不平衡；又由极不平衡发展，变成互相关联平衡发展的区域系统。

基于社会属性、"以人为本"的研究：如佩里（C.Perry）的邻里单位，斯泰因（C.Stein）的雷德朋街坊模式等是针对城市居住区内部空间的研究，以帕克（E.Park）和赖思（L.Writh）为首的美国芝加哥学派从城市社会生态学角度对城市空间结构的研究等。K.Lynch的城市意象感知，V.Jacobs的城市活力的交织功能分析，Doxiadis的人居环境体系等，均反映了后现代社会城市模式中强调"连续性"变化的文脉思想。

基于技术发展的研究：包括1964年Achigram学派库克（P. Cook）的插入式城市模式、赫隆（R. Herron）步行城市（walking city）模式、弗里德曼（Y. Friedman）的空间城市（space city）模式、1970年波利索大斯基的吊城方案，还有索莱利（P.Soleri）借助生态学原理，以植物生态形象模拟城市的规划结构，设想出的仿生城市，以及日本三井建设所构想的子母型城市等。

以生态学为视角的研究：雷切尔·卡森（Rachel Carson，1962）的《寂静的春天》、罗马俱乐部的《增长的极限》（Meadows，1972）、美国的戈德史密斯（Goldsmith，1974）等人的《生命的蓝图》等系列著作，不断敲打人类的灵魂，唤醒人类的生态良知。类似的还有1952年Park出版的《城市和人类生态学》、1950年代Hawley发表的论文《人类生态学：社区结构理论》、麦克哈格的《设计结合自然》、1978年西蒙兹在《大地景观——环境规划指南》、1973年日本的中野尊正编著的《城市生态学》、1977年B.J.L.Berry发表的《当代城市生态学》、1984年荷夫的《城市形态和自然过程》（City Form and Natural Process）、1987年雷吉斯特（Richard Register）出版的《生态城市伯克利：为一个健康的未来建设城市》（Eco-city Berkeley——Building Cities for a Healthy Future）等。这在全球范围内掀起了生态城市规划与建设的热潮。印度的班加洛尔（Bangalore）、巴西的柯里蒂巴（Curitiba）和桑托斯（Santos）、澳大利亚的怀亚拉（Whyallla）、新西兰的韦特克勒（Waitakere）、美国的克利夫兰和波特兰·梅特波利坦（Portland Metropolitan）、德国的厄兰根（Erlangen）都在从事生态城市的规划实践。

基于多学科的研究：有亚历山大的半网络城市、L.Mcharg的自然生态城市、C.Rowe的拼贴城市、Jenks等出版的《紧凑型城市：一种可持续发展的城市形态？》对紧凑型就是可持续发展城市形态的论断进行探讨、Peter Calthorpe提出"公交主导发展模式"（TOD）、Andres Duany和Elizabeth Plater-Zyberk提出"传统邻里发展模式"（TND）。

三种城市空间结构的经典模式：经济发展因素结合城市空间结构的其他影响因素形成三种比较经典的城市结构模式。1923年，美国芝加哥大学伯吉斯将生态学过程应用于城市社会空间组织的研究，提出了城市地域结构的同心圆模式；1939年，霍伊特在同心圆模式的基础上，加上了放射状运输线路的影响，提出了城市空间结构的扇形模式；1945年，美国学者哈里斯和乌尔曼在对大城市空间分异的因素进行分析的时候，发现行业区位、地价房租、集聚利益和扩散效益是主要制约因素，大城市除了中央商务区外还存在一些支配一定地域的其他中心的存在，于是得出了城市空间多核心模式。并总结了具有北美特征的空间结构模式。其后，阿隆索（Alonso，1960）运用地租竞价曲线来解析城市内部居住分布的空间分异模式，哈德（M.Hard）从土地经济学角度，哈格（M.Harg）从地租决定论角度的研究都取得了成果。1963年，E.J.Taaffe和B.J.Garner则把城市地域从内向外分为中心商务区、中心边缘区、中间带、向心外缘带、放射近郊区5个地带。

3）中等城市空间发展的可选模式——按照城市扩张方式分类

（1）渐进式空间增长

①紧凑环状模式

紧凑环状模式是紧凑发展的一个极端概念，即所有功能都集中于一个连续高密度的城市地区，并呈"摊大饼"状向外发展。这种发展模式的优点是：具有较强的定型性和紧凑度，新扩展部分与原有建成区能保持较强的连贯性；城市性设施布局紧凑，基础设施比较容易完善，城市边缘地区土地使用率较高。缺点是：随着"环"规模的增大，中心引力持续增强，过量的人流和高强度的土地开发导致严重的拥挤和污染；过高的房产价格将产生社会和经济的排外性；过大的城市规模增加出行时间，造成交通组织上的复杂化；"摊大饼"状向四周均衡扩展导致部分高质量的耕地和菜地丧失，见图2-1。

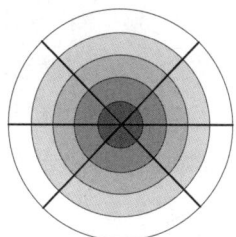

图2-1　紧凑环状模式

②轴线带状模式：如图2-2所示，城市从中心向外沿交通线扩展，形成城市发展走廊。这种发展模式的优点是：城市沿轴线发展，可集中力量建设，发挥交通设施的效能，获得较高的建设效益；通过现代交通导向下的城市轴线发展，缓解成块发展所带来的矛盾和压力，并使公共交通系统充分发挥效率，减少对小汽车的依赖。缺点是：需要大规模的基础设施投资；城市沿轴线连续不断地延长，不利于整个城市功能的组织与集聚，同时造成交通联系的困难。

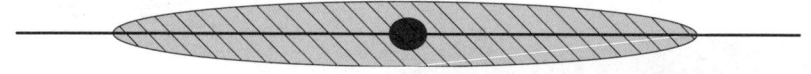

图2-2　轴线带状模式

③星形放射状模式：如图2-3所示，城市有一个处于支配地位的高密度、功能混合的核心，聚集城市的大多数活动，并沿几条发展轴呈放射状向外扩展，形成星形结构。这种发展模式的优点是：城市扩展方向明确；有主次核心，便于梳理；避免城市成块地向四周无限制或不规则地蔓延，不至于形成规模过大的集中城区；发展轴间能留出开敞空间以形成绿锲，有利于城市的生态环境。缺点是：核心的交通拥挤问题不能解决；实践中"指状"间的开敞空间难以保留。

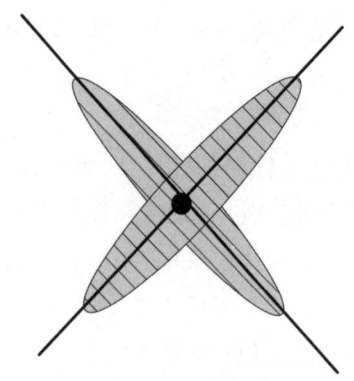

图 2-3 星形放射状模式

（2）跳跃式空间增长

①卫星城模式：如图2-4所示，由中心城区和一群规模有限，以居住为主的城镇组成，卫星城和中心城之间被一定宽度的绿带分开。这种发展模式的优点是：有利于分散过分拥挤的中心城区；城乡交错，有利于城市生态平衡。缺点是：卫星城能否作为一个独立实体运作取决于核心城市的规模以及核心城市与卫星城之间的距离，因而实践中，卫星城镇的开发在经济和功能方面不太具有可行性。

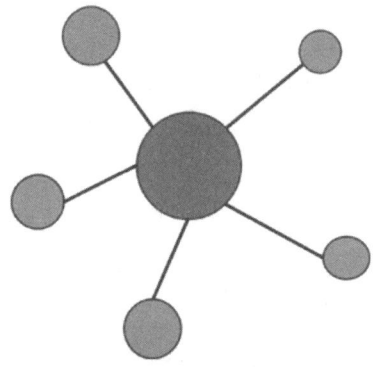

图 2-4 卫星城模式

②多中心城市（Polycentricity）模式（图2-5）：多见于大城市或特大城市，国外如呈"多中心八大片"规划结构的莫斯科、"双轴多心"的巴黎等，国内如上海、深圳、厦门、青岛、中山等城市。这个模式的特点是：大城市通过功能的分化与提升，衍生裂变出新的中心，新中心与原有中心在功能上呈互补关系（如上海浦西的RBD与浦东的CBD）；深圳蛇口、罗湖与福田多个中心组成的功能互补型的带状组团城市；多中心有利于分散过分拥挤的老中心，做到城市功能分散与集中的有机结合，极大地提高了城市的运转效率，改善了生产与生活环境。这是一种适合高速成长条件下的城市空间扩展模式。

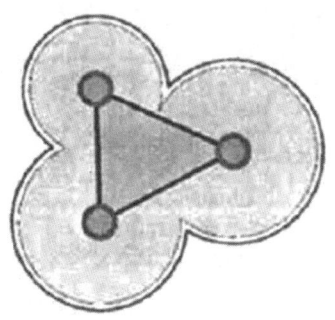

图 2-5 POLYCENTRICITY 模式

③多中心城市区域（Polycentric Urban Region，简称 PUR）模式：多见于中等城市密集而地域中心城市不突出的区域，如荷兰的兰斯塔德地区、苏格兰中部的爱丁堡格拉斯格地区以及德国的莱茵-鲁尔地区等，国内如山东的淄博市、浙江的台州市与金华市等。这个模式的优点是：可以集合众多的城市功能；城乡交融，有利于城市生态并促进城乡一体化；可以提供大量不同的中心和居住环境；公平性、选择性和多样性得到改善，通过小汽车（住在核心区域之间的低密度地区的人）、步行或自行车（住在核心区域的人），或公共交通（住在交通网络附近的人）可以得到较好的可达性。缺点是：需要现代化的交通与通信条件作支撑，否则很难实现功能与结构上的一体化，分散有余与集中不足往往是这种发展模式初中期的通病。

紧凑环状、轴线带状、星形放射状、卫星城模式都有一个共同的特点，即"强—弱"中心体系特征，城市表现出明显的向心趋势，称之为单核向心结构；多中心城市，多中心城市区域模式则表现出平行中心体系特征，称之为多核平行结构。这两类结构在应对城市不同发展速度的环境下表现出各自不同的适应力，了解这一特性同样有助于选择正确的城市空间组织模式。

另外，在上述分析过程中忽略了城市发展规模对不同城市模型适宜性的影响，尚需进行校正。当城市人口规模较小时（如 20 万人），单中心城市和线形城市较适合；当城市人口规模不断增大时（如 50 万人），分散化的城市模型（如卫星城市、组合城市等）的优势变得明显。还有，从城市对转型的适应性来看，单中心城市最不适用；具有强烈集合模式的星形城市和线形城市也需要对城市肌理进行较高程度的整合。相比之下，组合城市模型（PUR 模型）作为小型单中心城市、星形城市、卫星城市和线形城市的组合体，可以采用任何一种形式，也可以针对条件因地制宜，具有良好的适应性。

4）中等城市空间发展的可选模式——按照空间形态分类

影响城市空间发展模式的因素主要来自 3 个方面：一是城市本身的性质及其规模大小；二是城市所在地具体的区域基础和地理条件；三是城市发展所处的特殊历史背景。改革开放以来，我国城市发展迅速。其中，中小城市作为城市化进程的重要动因，其数量由 1978 年的 151 座，增长到 2010 年的 2160 座，历史古城与新兴城市同时大量并存的现象在中等城市体系中显得尤为突出。

因此，根据自然地理状态、历史发展背景和经济资源分布状况，大体可将中等城市的空间结构形态划分为三大类：

（1）集中块状结构类型：几何特征通常为规整紧凑的团块状，城市高度集中，中心区和外围功能区组成单核心的紧凑用地，对发展的控制水平较强，按照中国古代典型的四方形规划思想建立的古城及地势平坦的中等城市多呈此空间形态。城市交通集中在市中心，随着城市不断向四周扩展，主要的机动交通则趋向于集中到一定数量的主要线路上，从而较易形成环形加放射状的路网特征（图2-6）。

（2）连片带状结构类型：一般城市沿交通轴线或河流走向而形成带状几何特征。城市中心区和外围功能区连片向两侧拉长，用地拓展与交通流的方向性关系极强，一般通过控制交通线路的长度和交通节点来对城市发展施加影响。城市线形发展，过境道路往往是城市的主要通道，市内交通与过境交通混合分布，但交通效率相对单中心城市形态较高。人口密度一般沿交通线呈带状均匀分布，交通节点处密度较高。大多数沿交通枢纽发展起来的新兴中等城市多属此类（图2-7）。

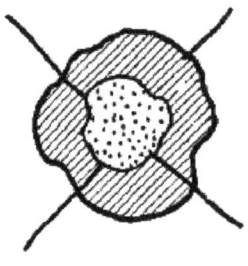 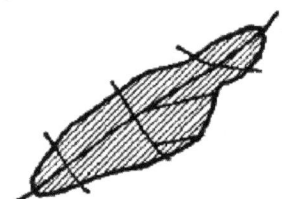

图2-6　集中块状结构类型　　　　　图2-7　连片带状结构类型

（3）组团状结构类型：这种形态多因城市受天然分隔物（铁路、河流、山川等）等自然因素或人为规划因素的作用而形成。各组团一般有各自的中心区，彼此功能相对对立，城市建设分散到很小的单元内，对城市发展的控制力较弱，通过交通通道彼此连通，在中等城市中此种形态并不多见（图2-8、图2-9）。

相比于大城市，中等城市的城市空间形态一般不会出现星状及卫星状，一是受城市规模所限，例如卫星状城市多是因集中的单中心城市发展超过一定规模，城市运作效率降低，通过人为地规划新建卫星城来吸收功能，中等城市一般尚未达到此种规模的上限；二是由于中等城市大多处于成长阶段，其城市产业和人口都有趋于集聚、取得更大的规模效益与集聚效益的需要和倾向，因为功能集聚发展方能提高城市的运作效率及发展活力，而星状城市往往依托数条交通轴线形成，这既不符合中等城市发展的基础条件，也与中等城市的经济实力不相匹配。

图 2-8　组团状结构类型　　　　图 2-9　组团状结构类型

2.1.4　中等城市的空间发展政策

从政策的角度而言，各类政策往往是影响城市发展的重要因素，如国家的城市发展政策，城市的社会、经济发展政策等，这些整体的、宏观的政策决定了城市未来发展的主要趋向，它们也同样会覆盖城市各类机构、部门的政策决定，成为这些机构、部门行动的指南。同样，各类机构、部门在城市发展政策的指引下所作出的部门政策，如国家和城市的产业政策、土地政策、环保政策及其他部门（或城市组成要素）发展的政策等。

城市规划是政府调控城乡空间资源、指导城乡发展与建设、维护社会公平、保障公共安全和公共利益的重要公共政策之一。城市规划通过对城市发展过程的干预，以形成一个既符合城市发展规律，又符合人类发展需求的城市空间环境。在新环境形成的过程中，城市空间关系的特征是社会经济关系变化的结果，由此，只有与城市政策的各个方面相结合，才能真正实现新的城市空间关系。在此过程中，城市规划的原则、准则、布局以及规划所确立的行动步骤只有转化为这些政策的一部分，才能得到全面贯彻执行，规划目标才有可能得到更好的实现。城市规划所确立的政策并不是要为各部门制定各类具体的政策，而是通过对更好的实施过程的认识，制定和选择能够最有效地达到城市发展目标的政策引导，为各类管理部门制定具体政策顺利通过提供依据和框架。城市规划所确立的政策内容涉及城市规划的各个层次和阶段，对于每一项规划内容，都需要有相应的政策。政策的目的是尽可能地剔除那些不希望发生的结果，而引导希望的结果出现。因此，根据城市规划所确立的政策就是为了达到城市规划目标和城市发展目标，指明各项政策行为从最佳到可接受的序列，为城市建设活动的决策提供依据。

中等城市的发展，相对而言，城市规划的政策导向性更为集中，更容易发挥对城市发展过程的干预。

2.2　中等城市交通发展模式及政策研究

2.2.1　中等城市交通体系特征

交通体系特征是中等城市中居民出行的规律和交通系统各种要素具备的服务特点，

针对中等城市而言，在进行交通发展政策研究中，首先应该了解中等城市自身的交通出行特点。从而制定有针对性、可行性的政策，以便政策实施后取得预期的效果。盲目地制定政策不仅不能取得预期的效果，反而会给交通系统带来更多问题。以下从居民出行特征和交通系统构成要素特征进行分析。

1）中等城市居民出行特征分析

（1）居民出行强度

居民出行强度是衡量居民的出行需求、出行能力和城市交通服务水平的综合指标，它由一系列的指标来表示，其中出行次数、出行距离、出行时耗和居民出行目的等指标最具代表性。

居民出行总量：出行总量反映城市居民出行次数的总和，是城市交通系统承受能力限度的基本量度指标。

居民人均出行次数：出行次数主要反映居民出行能力和需要，通常用居民人均出行次数表示。

经济发展、环境质量改善、交通设施完善将会刺激居民出行次数的增加。总的特点是：城市规模越小，那么居民人均日出行次数越多；城市社会经济发展水平提高，那么居民人均出行次数增加。中等城市城区面积较小，居民工作地与居住地相距较近，生活节奏舒缓，出行方便容易，因而人均出行次数相对较高。具体如表2-2所示。

不同规模城市人均出行次数与城市规模关系的统计表　　　　　表2-2

城市规模	城市名称	调查年份	城区常住人口（万人）	人均出行次数（次/日）	平均值（次/日）
超大城市	上海	2009	1888	2.23	2.23
特大城市	佛山	2008	595	2.96	2.84
	泰州	2011	504	2.69	
大城市	合肥	2013	385	2.7	2.78
	郑州	2007	306	2.68	
	郑州	2010	412	2.86	
	长沙	2009	331	2.85	
中等城市	漯河	2012	62	2.83	2.88
	焦作	2011	90	2.76	
	衡阳	2009	93	3.14	
	平顶山	2009	90	2.69	
	南阳	2014	100	2.83	
	南阳	2006	80	3.04	
小城市	三门峡	2014	40	2.84	3.10
	溧阳	2007	40	3.36	

居民出行时耗：出行时耗根据居民年龄、职业以及出行方式、出行目的等不同的衡量标准而有所不同，在城市交通系统中，出行时耗相对于出行距离而言，作为衡量交通系统服务水平更具现实意义，也是居民出行考虑的一个重要因素。从表 2-3 可以看出中等城市与特大城市、大城市和小城市居民在单次出行平均出行耗时上并不存在较大差异，与超大城市则存在较大的差距。

城市居民单次出行平均出行时耗　　　　　　表 2-3

城市规模	城市名称	调查年份	城区常住人口（万人）	建成区面积（km^2）	平均出行时耗（min）
超大城市	上海	2009	1888	6340	43.20
特大城市	佛山	2008	595		17.51
	泰州	2011	504		17.30
大城市	长沙	2009	331	319.1	26.80
中等城市	漯河	2012	62	72.62	19.10
	焦作	2011	90	92.4	24.00
	南阳	2014	100	93	22.50
小城市	三门峡	2014	40	80	20.00

如表 2-4 所示，根据不同交通方式的划分比较不同城市规模的居民出行时耗，城市规模越小，同一种交通方式出行时耗逐步降低。步行的平均时耗多在 20min 左右，自行车和电动自行车在 25min 左右，这都是由出行方式的本身所决定的，也是这些出行方式的适宜出行时间。再久的话，居民通常会选择其他交通方式。公交车的出行时耗在各个规模的城市中都相对较长。中等城市和小城市小汽车的出行时耗多处于 30min 以内，而通常来说，小汽车更适合 30min 以上的长距离出行。

城市不同出行方式一次出行的平均时耗（单位：min）　　　　表 2-4

城市规模	城市名称	调查年份	轨道交通	地面公交	出租车	小汽车	摩托车	电动自行车	自行车	步行
超大城市	上海	2009	65.7	61.6	28	45.5	40.1	28.9	28.3	15.8
特大城市	泰州	2011	—	29.8	19	17.8	16.9	—	15.8	14.6
大城市	长沙	2009	—	40.9	26.9	27.5	20.2	23.2	24.3	18.7
	合肥	2013	—	41.5	30.4	32.3	30.4	27.1	23.3	18.1
	盐城	2014	—	49.6	35.7	34.5	35.3		26.9	23.0
中等城市	焦作	2011	—	30	27	26	23	22	21	19
	衡阳	2009	—	29.9	28.6	21.8	—	22.2	24	17.7
	南阳	2014	—	30	18					
小城市	三门峡	2014	—	27	21	20	17	20	20	18

（2）居民出行目的构成

居民出行需求一般分为刚性需求和弹性需求，其中弹性出行需求量是衡量一个城市经济水平的标准。城市经济越发达，居民弹性出行需求所占比例就越高。表2-5列举了不同等级规模城市的居民，其不同出行目的的出行量所占比例。目前，不论城市规模大小，居民刚性出行都占主导地位，但中等城市相对于（特）大城市来说，生活购物、文娱体育等方面的弹性出行量较高，公务出行量较低。由于中等城市居民工作压力较小，生活较为闲暇，外向型经济所占比例较小，对外联系没有（特）大城市频繁所致，所以居民出行多以生活性出行为主，而公务出行较少。对于中等城市交通体系来说，在满足居民刚性出行需求的同时，更要注重满足居民弹性出行需求。

不同城市规模不同出行目的所占的比例（单位：%）　　　表2-5

城市规模	城市名称	调查年份	上班	上学	购物	生活出行	文体娱乐	业务	运输	回家	其他
特大城市	佛山	2008	26.53	5.80	7.53	0.00	3.47	2.80	0.00	45.68	—
大城市	合肥	2013	32.09	7.33	5.11	1.32	1.78	1.55	0.00	47.53	—
	郑州	2010	22.80	4.80	11.80	—	2.80	2.10	—	42.00	4.00
中等城市	漯河	2012	25.20	9.61	7.09	4.44	2.68	1.57	0.39	42.87	4.42
	焦作	2011	28.40	9.00	8.10	—	3.60	0.90	—	42.60	4.30
	衡阳	2009	26.27	5.15	9.63	3.26	3.75	1.97	0.60	46.71	2.66
	南阳	2014	25.86	11.57	5.47	—	1.77	1.77	—	46.21	0.54
小城市	三门峡	2014	21.00	11.00	9.00	0.00	3.00	1.00	0.00	48.00	—

（3）居民出行方式构成

居民使用各种交通方式出行的比例，构成了出行方式。表2-6展示了不同规模城市的出行方式构成。可以看到城市规模等级越高，公交车占全方式的比例越高，小汽车也相对较高。中等城市非机动化出行比例较高，公交车有较大的提升空间，而小城市步行比例最高。以南阳和漯河为例，对比两个年份的调查结果，可以看到随着城市规模扩大，机动化出行比例增加，公交车和小汽车比例都有所提高，但小汽车的增幅快于公交车；摩托车的比例有所下降，这可能和政策有关，国家近年来很多地方施行了限摩、禁摩的政策；非机动车出行方式中，自行车的比例有所下降，而电动自行车比例增加。

不同规模城市出行方式构成（单位：%）　　　表2-6

城市规模	城市名称	调查年份	公共汽车	出租车	摩托车	小汽车	自行车	电动自行车	步行
超大城市	上海	2009	25.2	—	20.0	13.5	15.2	26.2	
特大城市	南京	2011	23.4	2.5	0.5	8.1	35.7	—	26.6

续表

城市规模	城市名称	调查年份	公共汽车	出租车	摩托车	小汽车	自行车	电动自行车	步行
大城市	郑州	2010	13.6	1.0	0.2	7.5	17.3	23.7	33.9
	合肥	2013	18.4	1.8	3.1	13.8	5.5	27.4	26.0
中等城市	漯河	2012	7.9	4.7	2.3	7.0	19.6	27.8	28.3
	漯河	2008	7.43	3.23	9.92	5.06	22.66	19.47	30.25
	焦作	2011	12.3	2.6	3.3	9.3	9.7	29.7	29.7
	衡阳	2009	10.7	6.5	14.7	6.3	8.5	6.2	43.4
	南阳	2014	7.8	1.6	10.9	12.0	9.5	33.4	22.6
	南阳	2006	4.9	0.8	16.2	2.6	28.6	15.7	26.6
小城市	三门峡	2014	17.5	21.0	9.1	8.4	3.9	11.5	45.5

2）中等城市交通设施特征分析

道路网分布密度及路网等级结构是道路系统中决定城市交通运行效率高低的两个关键要素。中等城市的道路系统在近十几年才有较快发展，因而旧有道路往往只有两个等级：一种是机动车、非机动车以及行人混行其上的"主要道路"；另外一种是机动车无法行驶，只适合于步行、人力及兽力车等慢速交通通行的支路，很不利于机动化交通的发展。新建或改扩建道路为适应机动化要求，又往往出现盲目扩大道路尺度、急于向大城市多车道方向发展的倾向，造成与原有路网衔接不畅的弊端。中等城市道路系统存在着道路密度低，等级结构不合理的问题，如表2-7所示。中等城市的主干路路网密度均已达到《城市道路交通规划设计规范》规定的路网密度指标，这主要与各地方政府近年来为适应机动车交通迅速发展、缓解城市交通压力，大力建设主干路有关，但对具有重要交通集散功能的次干路和支路的建设力度不足，主干路密度偏高，支路密度差距较大，这将导致"微循环交通"作用无法充分发挥。

不同等级规模城市道路系统主要指标汇总表 表2-7

中等城市	调查年份	道路网总长度（km）	主干路路网密度（km/km²）	次干路路网密度（km/km²）	支路路网密度（km/km²）
漯河	2012	—	1.6	1.25	0.83
焦作	2011	241.7	1.62	1.24	1.43
南阳	2014	327.9	1.65	0.92	0.71
国家规范			0.8~1.2	1.2~1.4	3~4

3）中等城市出行方式特征分析

（1）自行车是私人交通工具的构成主体

自行车在中国是最为大众化的交通工具，在中等城市尤为突出。20世纪80年代，一般城市的自行车拥有量年平均增长率高达46%左右，进入20世纪90年代，中等城市自行车拥有量已基本饱和。从20世纪80年代以前的加重大型自行车，到20世纪80年代的轻便自行车，再到20世纪90年代的变速自行车，直到现在的电动自行车，更加轻便省力成为自行车发展的趋势，每一次自行车技术上的革新都会增加自行车所占私人交通工具的比例。

（2）摩托车占机动车总量的比例较大

在中等城市，摩托车出行方式占较大份额，多高于公交车出行，同时也高于大城市的摩托车出行比例，但近年来由于政策限制，摩托车的出行比例有所下降。以漯河市为例，摩托车在2004年以前增长较快，而之后发展平稳，2007年略有下降，主要是由于2007年开始中心城区对摩托车采取越来越严格的管理措施，逐步采取"禁摩"措施，同时摩托车出行存在的安全问题也导致部分使用者开始转向电动车（表2-8）。

2006～2012年漯河市摩托车保有量　　　　　　　　　　　表2-8

摩托车保有量	2006	2007	2008	2009	2010	2011	2012
	97012	100233	103511	108232	116038	122137	126156

（3）电动车成为新型出行交通工具

电动车相对于摩托车灵巧轻便、价格便宜，又比自行车快速省力，因而作为一种新型私人交通工具，近年来也逐渐被居民接受和使用，代替了部分自行车和摩托车的使用。限于对电动车统计数据的匮乏，无法准确评估它在中等城市交通工具中的具体地位，但参看焦作市家庭交通工具拥有量的历年变化，如表2-9所示，可初步了解到已经出现了电动车年保有量超过轻便摩托车的现象，而且增长态势看好。表2-6出行方式结构中，也可以看到中等城市电动自行车的比例在提高，而自行车和摩托车使用比例在下降。考虑到电动车具有便宜实用、零污染、高效率、低噪声的特点，是一种真正的"绿色"交通工具，在城市交通发展越来越重视环保低能耗的背景下，在中等城市的利用率将有可能得到大大提高。

（4）私家车增长势头逐渐显现

中等城市规模小、出行距离短的特点虽制约了私人小汽车的广泛使用，但随着经济水平的提高，人们追求高质量的生活方式、高效舒适出行方式的愿望将越来越强烈，而小汽车能够为人们提供前所未有的机动灵活性和出行选择权的特点，以及作为移动自由与私密性的象征，作为权利、地位、财富的标志，其丰富的内涵将始终对人们包括中等城市的人们产生巨大和持久的吸引力，目前若干人均收入水平较高的中等城市居民，已经表现出这种热情和积极性。表2-9列举了2005年至2011年焦作市每百户家庭的私家车保有量，从2005年的0.83辆/百户到2011年的17辆/百户，平均年增长率也达到260%，尤其是在2010年以后，翻了两番。根据国际经验，人均GDP3000～10000

美元是汽车拥有率上升最快的时期，目前，中等城市多处于这一收入水平，其显现出的特征代表了中等城市未来交通发展可能的一种趋势。中等城市居民对小汽车需求量存在潜在的巨大需求，同时小汽车未来若干年内在中等城市的快速增长也存在潜在的可能性。

焦作市居民历年家庭交通工具拥有量　　　　　　　　　　　　　　表2-9

交通工具	单位	2011年	2009年	2008年	2005年
小汽车	辆/百户	17	4	3	0.83
摩托车		15	14	13	21.67
电动车		61	43	38	14.17
自行车		57	—	—	162.5

（5）城市公交出行比例偏低，但发展势头良好

中等城市的公交大多是自20世纪90年代陆续发展起来，目前基本初具规模，多在四五十条线路。表2-10列举了部分中等城市最近几年公交发展状况，参照《城市道路交通规划设计规范》关于城市公共汽车和电车的规划拥有量的标准，中等城市应该1200~1500人一辆标准车，相当于公共汽车拥有率为6.67~8.33标台/万人，可以看出大部分中等城市的公交水平是达标的，这与近年来国家层面推进公交优先的政策息息相关，也卓有成效。结合表2-6可知中等城市的公交车的使用比例确实有所提高，但仍有较大的增长空间，尤其要注意和私家车的竞争关系，如果要控制小汽车的过快增长，引导和鼓励居民使用公共交通，公交车的舒适、准点、便捷性和定价则需要系统地进行考虑和评估。

中等城市公交状况汇总表　　　　　　　　　　　　　　　　　　　表2-10

调查年份	城市	建成区人口（万人）	线路（条）	总里程（km）	车辆规模（辆）	万人拥有率（标台）
2012	漯河	62	50	—	951	11.4
2011	焦作	90	35	531	649	7.1
2009	衡阳	93	57	700	567	9.5
2014	南阳	100	29	481	453	5.6
2009	商丘	95	38	140	811	8.5

2.2.2 中等城市交通发展存在的问题

我国正经历着城市化与城市机动化的迅速发展时期，机动车拥有量正以前所未有的速度增长，城市交通需求增长迅猛。中等城市经济的迅速发展促进了城市交通出行更加

频繁，城市交通存在的诸多问题导致一些城市交通不畅、交通混乱，引发各种交通问题，也造成巨大的经济和社会损失，具体存在的问题总结如下：

1）城市规模相对较小，建设资金相对少，基础设施匮乏

中等城市规模相对较小，决定了中等城市交通出行特征有自身的特点。不同于大城市，中等城市交通基础设施建设投入较少，道路建设滞后于城市化、机动化的发展。等外路或未铺装道路较多，道路路程短，服务范围小。旧城区的街道狭窄，道路宽度普遍偏窄，很多道路根本无法通行公共汽车，机动车行驶也比较少。

停车场地少，缺乏统一的规划，占路停车，带来事故隐患；交通站场少，许多中等城市没有专门的车站、维修站等场地，公交、小巴、出租车等沿路停放待客、争抢客源，造成交通秩序混乱；门店式的维修点更是占路经营，待修的车辆沿路摆放，严重阻碍交通。人行过街设施建设较少，造成行人过街无视信号灯，致使交通混乱，交通事故频发。

2）城市交通功能、道路网结构不完善，公交网络设置不合理

中等城市交通规划缺乏前瞻性、科学性、合理性，交通网络的配套跟不上城市建设的步伐。不完善的道路建设不仅不能满足城市对交通的需求，而且会制约城市的快速发展。

中等城市的发展一般都依赖于过境公路，沿线两侧展开，过境公路相当于城镇的主干道，穿市而过，其他道路相对狭窄。中等城市内部封闭车道相对较少，大多数为低等级道路。支路间距不均匀，有的间距几十米，有的间距数百米，造成道路系统的先天失调。公交线路设计也存在着覆盖面相对狭窄、服务水平低，线路里程短，线网结构不合理等问题。

3）城市交通方式结构不合理，各种交通工具之间不协调

中等城市由于城市范围小，居民出行距离短，车辆类型混杂，不利于管理。步行、自行车、三轮车、摩托车等都是居民最主要的出行方式。在中等城市中，摩托车由于速度快，方便快捷，成为城市居民替代步行及自行车的重要交通工具。但是，摩托车不仅污染城市空气，有较大的噪声，还容易带来交通安全问题。在公交出行中，乘客的换乘比较不方便，造成居民出行不选择公交车，制约城市公共交通的发展，使城市交通系统陷入不可持续发展的困境。为了使中等城市交通能够可持续发展，应大力提倡发展城市的公共交通，为居民提供良好的交通环境。

4）交通管理落后，交通秩序混乱，市民交通意识不强

在交通管理工作方面，许多中等城市的交通管理部门缺少前瞻性、整体性和连续性，只有出现问题才进行管理，工作经常处于被动局面。同时，交通管理缺乏先进方法以及强制性手段，有些小城市市区交通往往处于一种自发的、原始的、无组织状态，对非机动车和行人的管理不严，以至于各种交通方式相互干扰非常严重。

居民的交通安全意识不强，居民参与交通比较随意，行人常常违反交通规则穿越道路。由于这些影响因素，道路交通的混乱是非常严重的。

5）注重道路设施规划与建设，忽视城市交通发展战略规划、交通环境功能规划和老城区历史文脉保护规划

在传统的城市道路规划设计中，比较重视道路的路网布置、线形设计、车道数确定、路面结构型式等交通功能和城市空间功能。当前许多中等城市正致力于继续加强道路交通基础设施开发规划及建设，提出要建成城市快速交通系统，完善城市交通网络，而忽略环境功能规划与建设，破坏老城区文化风貌保护。另外中等城市往往较少重视城市交通发展战略规划，这也是我国众多中等城市道路功能混杂的根本原因之一。

2.2.3 中等城市交通发展模式

交通模式的研究是针对不同城市的不同出行需求及交通特点有针对性的做出选择，对城市空间结构有优化作用，积极影响城市各职能的发挥。

1）城市交通模式选择影响因素分析

城市交通模式的影响因素可以概括为3个不同层面：宏观层面的城市发展形态；中观层面的城市的道路网络、道路级配、道路断面设计和道路路权；微观层面的交叉点包括交通枢纽、交叉口等。

在宏观层面上，城市的交通模式与土地使用有紧密的关系。一定的城市形态是不同土地使用类型的外在凸显，产生不同的交通出行发生量，影响城市交通模式的选择；反过来城市交通模式又强化了城市发展的形态和用地格局。

在中观层面上，城市的路网布局、道路级配、道路断面设计以及道路路权分配构成了城市的"线"。城市路网布局：方格形路网，环+放射形路网、放射形路网以及自由式路网形态决定城市的扩展程度；道路级配中的快速路、主干路、支路和次干路决定城市的骨架及主要交通流的流向；道路断面：一块板、两块板、三块板和四块板的设计则提供了不同交通模式必要的道路宽度；道路路权分配给自行车、常规公交、快速公交和轨道交通，则是确定城市交通模式的关键要素。

微观层面上包括城市的道路枢纽、道路交叉口、车站站点以及相关的道路隔离设施和停车场等配套设施。综合以上宏观层面、中观层面和微观层面交通模式的影响因素分析，得到城市交通模式的选择因素是多因素的而且是系统的，它们共同作用于城市的交通模式，影响城市交通模式的选择和运营效率。

通过以上分析，研究中等城市交通发展模式必须结合中等城市用地布局及交通系统特点，从城市客观条件出发，提出与城市土地使用布局相适应的交通模式，一方面可以方便居民出行，另一方面可以促进城市土地使用结构优化。

2）城市交通发展模式划分

在交通发展模式的研究中，主要集中在对小汽车和公共交通的研究，国内外很多城市对于交通模式的划分基本相似，但是根据研究需要的不同，交通模式划分切入点有所

不同。以下归纳国内交通学者及研究人员对于交通模式的定义。

陆锡明(2003)在《综合交通规划》一书中提出交通模式是在用地布局、人口密度、经济水平以及社会环境等特定条件下形成的交通方式结构。交通模式反映了城市交通的发展战略,是在战略指导下交通建设、运行、管理以及其他要素的总和。对城市交通发展模式分为3类:

(1)以小汽车出行为主的城市交通模式,一般比较适合具有广阔土地资源的组团分散式的城市,就像洛杉矶的城市面积散布在2万 km^2 的范围内,其私用汽车的增长几乎呈现不受任何约束的自由发展状态,千人机动车拥有量达到了700~800辆。

(2)以轨道交通为主的交通模式,要求城市具有雄厚的经济实力,政府有能力不断提高轨道网络的覆盖范围。就像日本东京,即便拥有了世界上最发达的轨道网络,政府仍然计划继续加密地铁网,以500m作为地铁车站的服务半径,在市区600多 km^2 的范围内做到地铁服务的完全覆盖,力图在不采取任何强制措施的情况下,将私用汽车在市区范围内的使用压缩到最低水平。

(3)私用汽车与轨道交通并重的交通模式,兼顾了汽车和公共交通两方面的发展,一方面出于推动经济增长的考虑鼓励市民购买并使用小汽车;另一方面又投入巨资大力发展轨道交通,以期构筑能与小汽车交通相抗衡的公交系统。如韩国首尔,为了发展本国的汽车工业,对私用汽车采取了购买和使用双放开的政策,与此同时则以一年20多km的超常规的建设速度发展轨道交通,从而使私用汽车和轨道交通的出行比重各占30%。

熊文等(2009)根据调研全球60座城市的出行结构,将城市交通模式概括为5类模式:

A模式:小汽车导向型(automobile oriented),小汽车出行比例大于50%,主要分布在北美及澳大利亚;

B模式:公交导向型(bus and urban train oriented),公共交通出行比例大于50%,主要分布在东亚发达城市,尤其以新加坡及日本为代表;

C模式:慢行导向型(cycling and pedestrian oriented),慢行交通比例大于50%,主要分布在欧洲,如荷兰等;

D模式:不完全发展型(developing),大量两轮机动车成为小汽车的过渡方式,主要指我国处于快速城市化的中等城市;

E模式:均匀发展型(efficiency and environment),小汽车、公交、慢性交通出行比例均不大于50%。

叶茂等(2010)以镇江市为例,从单核到组团式结构—带形城市的交通模式演化与选择的研究中,指出城市发展战略制定的核心任务是把城市土地使用、空间结构布局等因素纳入城市交通发展战略规划对主导交通方式的选择的考虑因素中。合理的交通发展模式,直接关系到城市的可持续发展和土地使用的高效整合,并促进城市空间的形成;关系到如何既能保持城市活力和推动城市发展的交通活动,又能高效使用有限交通资源和发挥交通整体运行效率。从目前世界各大城市交通发展历程来看，主要可以归纳为3种典型的交通模式，即小汽车模式、小汽车和公共交通并重模式、公共交通模式。

陈岩峰（2003）在我国城市客运交通发展模式选择及政策支持中概括世界各国城市客运模式基本有3种：一是对小汽车不加限制的"小汽车为主体、公交辅助"模式；二是对小汽车合理限制的"公交车为主体、小汽车辅助"模式；三是"公交为主体、小汽车主导"模式。我国绝大多数城市的成长历程与欧美发达国家主要城市有两个区别：第一，我国大城市在机动车化之前，就已经形成了高人口密度的城市结构；第二，我国城市在开放经济后突然面对的是一个完全成熟的跨国汽车工业。由此决定不适合采用"小汽车为主体、公交车为辅助"的模式，应选择"公交为主体、小汽车辅助"向"公交为主体、小汽车主导"逐渐过渡的模式。

2.2.4 中等城市交通发展政策

1）城市交通政策综述

城市交通政策是一个政策体系，它可以从供给和需求两方面进行管理。其中供给管理主要为道路管理，可以通过更有效地管理已有的交通设施和通过建立新的道路设施增加通行能力两个途径来实现。

需求管理也分两大类，一类是从交通需求源着手，限制机动车的拥有量，即为车辆使用控制政策；另一类是允许车辆拥有，但对其使用实行控制，即为车辆使用控制政策。需求管理主要是通过价格对交通调节的潜在作用而实现的。如果没有恰当地控制污染和交通拥挤的政策，机动化所带来的可观收益将会被迅速抵消。从城市交通政策的实际来看，西方一些政府的交通政策主要包括提高道路安全程度，控制小汽车数量，提供有选择的可达性，推广代替小汽车的交通工具等措施。具有代表性的如荷兰的自行车政策和伦敦的优先发展公共交通政策，都对解决城市交通拥挤和减少污染问题起到了良好的作用。

针对中等城市来说，在交通政策的制定上应广泛吸取国内外包括大城市、特大城市在内的经验教训，合理制定交通政策。

2）各国交通政策举例

城市交通的发展必须有一个明确合理的交通政策和配套的法规，以引导城市交通向大众、高效、低耗、可持续发展的方向转化。以下是对交通政策的归纳：

（1）以小汽车为主导的交通发展模式——美国交通政策：

美国现行主要交通发展政策主要由三部主要法律五部相关法律组成。三部主要法律为"冰茶法案"、"续茶法案"以及"空气清洁法1990修正案"。五部相关法律为：① 1969年国家环境政策法（National Environmental Policy Act of 1969），法案要求获得联邦资金资助的交通建设项目必须进行环境影响评估；②美国残疾人法案（Americans with Disabilities Act），该法案规定运输设施和服务必须为残疾人提供服务；③清洁水法案（Clean Water

Act），该法案严格禁止运输设施和服务影响水质量的保护和湿地保护；④濒危物种法案（Endangered Species Act），该法案从法律上确立运输设施和服务不能影响保护濒临灭绝的物种；⑤1964年公民权利法案（the Civil Rights Act of 1964），该法案着力强调公民应平等享受运输投资产生的利益。

（2）以公共交通为引导的交通发展模式——大马士革城市交通政策：

①优先发展公共交通；②适度扩大道路交通设施供给、调控交通需求；③优化土地使用结构和布局，营造合理有序的交通分布模式；④加强停车设施建设和管理，缓解静态交通矛盾；⑤强化中心区交通综合改善措施，确保其商贸功能正常发挥；⑥加强交通工具增长和使用管理，平衡路网供求关系；

（3）以公共交通为引导的交通发展模式——墨西哥交通发展政策：

①大力发展公共交通；②实行公共交通低票价政策；③扩建和改造道路网，组织单向交通；④限制私人小汽车的增长，提高公共交通的运载能力；⑤重视交通安全，强化交通管理。

（4）以公共交通为引导的交通发展模式——上海交通政策：

上海通过制定并实施三个重大政策来确保一体化交通战略目标的实现。

①公共交通优先发展政策

通过积极的引导，不断提高公交出行方式的比重，稳步提高交通机动化水平，发挥慢行交通短距离出行和接驳公交的功能，逐步形成以公共交通为主，个体交通为辅的交通模式。在公共客运系统中，各种方式根据不同的功能定位，合理分工，紧密衔接，实现"轨道交通为主体，公共汽车为基础和出租汽车为补充"的规划目标。

②交通区域差别化政策

中心区依托大容量轨道交通网络，完善道路等级配置，控制机动车流量；外围区以地面公交和轨道交通为主导，加快建设快速路，适度放宽小汽车等个体机动方式的使用；郊区重点建设高速公路网，鼓励小汽车的拥有和使用，推动城市空间有序扩展。由内向外，中心区、外围区、郊区3个不同的区域，公交方式与个体机动方式出行人数之比依次为3∶1、2∶1、1∶1。

③道路车辆协调发展政策

在加快全市道路网建设的同时，调控机动车流量，保持路车协调发展，始终将道路网的运行状况维持在合理的水平。在现阶段，仍将控制机动车总量；随着城市的发展，逐步加强对机动车增长速度的动态调控。

（5）以公共交通为引导的交通发展模式——北京的交通政策：

北京市区道路负荷会继续增加，交通将日趋紧张，北京应尽快为迎接汽车化社会做好准备。要尽快制定并出台系统化的、具有明确导向性的城市交通政策，在若干重大问题上选择明朗的政策取向，并在城市交通发展、建设和管理实践中认真落实和坚持下去。

①花大力气，重点落实公交优先战略

北京的城市道路交通需要真正确立公共交通优先发展的战略并落到实处，采用高消费的发展模式并不适合北京的实际情况。公共交通优先发展的战略，意味着要创造各种条件，在资金投入、政策界限和资源使用上必须切实对公交实行倾斜。除规划、建设大容量快速公共汽车交通网络外，还可采取扩大公交专用道、增加停车港湾、交叉路口公交先行、减少座位增加站位、加长站距等措施。

②进一步加大轨道交通建设力度

建设轨道交通是解决大城市交通的主要途径，因此轨道也是大城市重要的交通设施。随着供需规模的扩大，轨道交通设施的地位将逐步提高，并将成为交通政策关注的重点。到2008年奥运会前，北京计划建设的轨道交通里程将达到300km，将用900亿元发展城市轨道交通，占总投入1800亿元的一半。到2020年将达到1000km。规划方案中，在市区计划铺设地铁线路20条，其中包括再建一条地铁环线。远期目标是：轨道交通至少分担40%的出行人群，公交再弥补30%，剩下的由小汽车来补充。

③适度控制小汽车的增长和使用

控制小汽车不仅仅是指私人小汽车，也包括政府部门的公务车，据统计，在北京道路上行驶的车辆中（出租车除外），公车与私车的比例大约是4:1，也就是说公车占用了更多道路资源。北京有1.3万个中央单位，1.1万个市属单位，1.7万个区县单位，保守地估计，全市也有20万辆公家小汽车。

④引入停车政策的调节手段

可通过差别化供给停车泊位与收费等政策，对不同地区、不同时段实行不同的停车政策，调控停车泊位的供给，限制采用私人小汽车上下班，进而控制小汽车的使用。严格控制路内停车位的供给和使用，增加路外公共停车设施供给，鼓励使用地下停车库或停车楼，调整费率比价。

⑤制定合理的汽车消费政策，调节小汽车的使用

从我国大城市以往的实践来看，要解决好城市交通问题，汽车消费政策的改革必须同步进行。要建立有效的机制，通过政策导向，引导小汽车的合理使用。在国外，购车后基本是开车才会产生费用，而在我国只要拥有车辆就必须交纳各种费用，无论你是否开车费用均差不多，人们自然要选择使用车辆。

⑥理顺管理体制，保障交通政策的有效实施

我国的城市交通管理中存在行业分割与部门分割以及职能交叉重叠的问题。虽经改革，也只是个别职能在新旧机构间进行转移，没有从根本上解决原有体制的弊端。为了确保城市交通政策的顺利实施，城市政府首先要建立一个强有力的权威机构，由该机构来统一协调各部门的工作，统一负责城市交通政策的编制和实施。

⑦引入经济调节手段，加强交通需求管理

对任何一个城市来说，交通发展的制约绝对不仅是建设资金的制约，还需要考虑能源、环境以及土地空间资源的制约，因此不能无限制地满足交通需求的增长，必须对交通需求进行管理。道路的改造建设应该只是在交通需求管理无法解决问题的情况下才有必要进行。

（6）以公共交通为引导的交通发展模式——深圳交通政策：

结合深圳市交通发展模式，交通政策应该从以下几个方面入手：

①适度发展私人交通

应充分考虑"现实"和"需要"的特点，采取行之有效的方法。由于私人交通出行中小汽车占用的道路面积大，道路使用效率低，成为交通需求管理的重点。针对私人交通有两种管理方式，一种是采取行政手段管制的方式，另外一种是采用经济调节的方式。而采用比较温和的征税、收费等经济手段更符合大众的利益。

②大力发展公共交通

第一，积极发展以轨道交通为骨干，与地面常规公交相结合、多层次、优质高效服务的城市公共交通体系，促进公共汽车、电车的技术性能向大功率、大容量、低污染方向发展。并形成大中小型、高中低档多样化的城市公交车辆系列，满足不同层次的客运需求。第二，有计划地建设综合客运交通枢纽设计，保证交通连续和便捷地连接城市各功能分区，有利于优化调整公交线路、增加公交运营线路应变能力、提高公交运营效率、方便乘客换乘，从而提高公共交通的竞争力。第三，加强智能交通系统的研究，提高整个交通系统的机动性、便利性、安全性和舒适性，增加整个交通系统的运输效率、经济效益。

2.3 城市土地使用与交通体系的关系分析

2.3.1 城市土地使用与交通体系的互动机理

"城市土地使用与城市交通体系之间存在着复杂的互动反馈关系"。从供给的角度考虑，交通供给为城市土地使用的形成提供支撑。城市交通系统的发展对城市土地使用的形成具有引导作用，交通方式的改进和交通线网的建设都会推动城市土地使用类型的演化。从需求的角度考虑，交通需求来源于土地使用，从而受到城市土地使用变化的影响。土地使用是交通需求的根源，它决定了城市的交通源、交通供需总量与空间分布特征，从宏观上规定了城市交通系统，因此，城市空间结构变化客观地影响交通系统的空间布局。

所以，城市土地使用和交通系统之间具有双向反馈性，在城市发展过程中，交通系统与城市土地使用互相影响、互相制约。这就要求在城市规划编制研究过程中，一方面需要意识到城市交通系统和土地使用的相互关系，避免矛盾的产生；另一方面需要利用城市交通系统和土地使用之间的相互关系来营造和谐城市。

城市交通与土地使用的宏观"源流"关系：土地是城市社会经济活动的载体，各种性质土地使用在空间上的分离引发了交通流，各类用地之间的交通流构成了复杂的城市交通网络。"源"和"流"之间相互影响、相互作用。一方面，土地使用是产生城市交通的源泉，决定城市交通的发生、吸引与方式选择，从宏观上规定了城市交通需求及其结构模式；另一方面，交通改变了城市各地区的可达性，而可达性对土地使用的属性、结构及形态布局具有决定性作用。由城市交通与土地使用的"源流"关系可知，城市土地使用模式是城市交通模式形成的基础，特定的城市土地使用模式将导致某种相应的城市交通模式；反之，特定的城市交通模式亦需要相应的土地使用模式予以支持。

城市交通与土地使用的微观互动机理：如前所述，城市交通与土地使用均由一系列不同的特征量所描述，任意两个特征量之间的微观作用机理是不相同的。例如，"交通容量"与"容积率"之间存在相互促进的正相关关系，"土地混合利用程度"与"出行距离"之间存在此消彼长的负相关关系，而"交通容量"与"土地价格"之间则存在一定程度的依存关系。各特征量之间的微观作用机理，共同构成城市交通与土地使用之间复杂的互动关系。

1）交通容量与容积率的互动关系

交通容量与容积率的关系，是城市交通与土地使用互动关系在微观层面的具体体现，如图2-10所示。

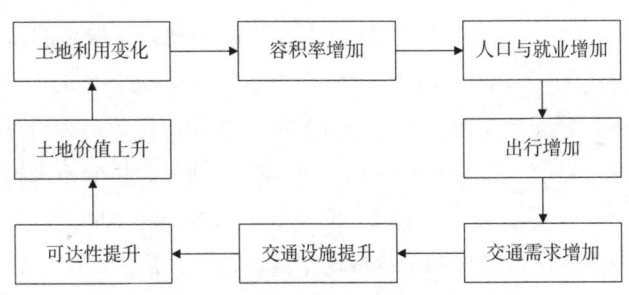

图2-10　交通容量与容积率的循环反馈关系

在图2-10中所示的关系链中，任一环节的改变都将给其他环节带来影响。城市中的土地开发，无论是商业、工业还是居住，都会使该地区的容积率增加，从而引发大量的出行生成，该地区随着交通需求的增加，将对交通设施提出更高要求。通过交通设施的改善，交通容量扩大，该地块的交通可达性提高，造成地价上升，又会吸引开发商进一步的开发，交通容量与容积率的互动进入新的循环。该循环过程是一个正反馈的过程，但该正反馈过程不可能无限进行下去。因为城市交通设施发展到一定程度后是难以通过改建来增加其容量的，从而当土地开发超过一定强度时，所引发的交通流将会使得某些路段出现拥堵现象，导致已开发区域可达性下降，土地使用边际效益亦随之下降，该地区的土地开发将会受到抑制。

由此可见，交通容量与容积率之间存在一种相互影响、相互促进的互动关系，二者通过一系列的循环反馈过程，将有可能达到一种"互补共生"的稳定平衡状态。

2）出行距离与土地混合使用程度的互动机理

土地混合使用是指在城市的某一特定区域内具有多种性质的土地使用类型。人口与就业岗位密度的熵指数模型能够准确反映土地使用的混合程度。出行距离与土地混合使用程度的关系，亦是城市交通与土地使用互动关系在微观层面的体现。研究表明，某一地区范围内的居民出行距离与该地区的土地混合使用程度密切相关，当土地使用达到一定混合程度时，能够吸纳大部分的本地区居民出行，减少跨区域的出行活动和居民出行距离，土地使用的过度混合将会导致城市空间和交通的无序发展。

3）交通容量与土地价格的互动机理

交通容量与土地价格之间存在一种相互依存共生的关系。土地价格依附于交通容量而存在，某地区交通容量（例如一条交通线的修建）的提高，会促进土地价格的上升，但若没有交通设施的支持，该地区土地价格则会呈现较城市其他地区下降的趋势。

2.3.2 城市土地使用对交通体系的影响

1）城市用地规模对交通体系的影响

城市规模对交通体系的影响，主要体现在交通量、出行次数、出行距离、交通方式分担率等各方面。阎小培、周素红（2000）等在《高密度开发城市的交通系统与土地利用——以广州市为例》一书中，收集了国内近20个城市不同年份的人口规模、人均出行次数、步行分担率、公交分担率、自行车分担率、平均出行距离和出行时耗等6个指标数据的基础上，通过城市人口规模和交通系统结构之间的定量分析来解释城市规模对城市交通系统的影响。分析结果显示上海、北京等人口规模在100万以上的特大城市，公交出行分担水平较高，出行时耗和出行平均距离也较大，是典型的公交型城市；石家庄、徐州、温州等人口规模较小的城市，出行次数较高，步行、自行车分担水平较高，平均出行时耗、出行距离较小。

由此可见，城市规模越大，用地范围越大，各种设施在空间时间上的距离也就越远，因而城市居民平均出行距离和平均出行时耗就会相应增大。城市人口规模每增加一个标准单位，居民平均出行距离就增加0.643个标准单位，居民平均出行时耗增加0.571个标准单位。同时，随着城市人口规模的增加，城市公交分担率也呈上升趋势。

2）不同性质用地对交通的影响

城市土地使用与交通相互联系、相互影响，交通发展与土地使用相互促进。从交通规划的角度来说，不同的土地使用形态，决定了交通发生量和交通吸引量，决定了交通分布形态，在一定程度上决定了交通结构。城市用地中，居住用地是城市交通流的主要发生源，而商业、办公用地则是城市交通流的主要吸引源。土地使用形态不合理，将会导致交通容量无法满足的交通需求。从土地使用的角度来说，交通的发达改变了城市结构和土地使用形态，使得城市中心区的过密人口向城市周围疏散，城市商业中心更加集中，规模加大，土地使用的功能划分更加明确。同时，交通的规划和建设对土地使用和城市发展具有导向作用，交通设施沿线的土地开发活动异常活跃，各种社会基础设施大都集中在地铁和干道周围。

3）城市功能布局对交通的影响

城市功能布局主要考虑两个方面：首先是该城市内部土地使用的居住与就业相对均衡；其次是主要功能的区位选择。城市功能是产生城市交通的基础和根本，城市功能布局会对居民出行结构产生决定性作用。城市密度决定城市交通流的总量，城市功能布局决定城市交通源的空间分布，或者交通需求分布。

韦亚平和赵民认为交通流量在空间上分布的结构绩效是一个介于经济效益和社会公平之间的因素，是就业的便利，也就是说适宜的功能布局应保证劳动力可以在一个适度的时间内到达他们的工作场所。因此，要求建成区在用地功能上形成组织有序的中观层面结构，亦即每个中心都是居住和就业较为平衡的片区，在该层面妥善处理好不同交通方式之间的转换关系。反映流量分布结构的关键因素是出行时耗，在给定的适度出行时耗下，可以通过"适度时耗以下的出行量"在总出行量中的比例来考察都市区空间"中观结构"的绩效。

4）城市开发密度对交通体系的影响

（1）城市开发密度对交通运行效率的影响

主张城市分散化发展的研究者从实践的角度出发，认为分散、低密度的发展有利于降低城市居民出行时间，从而提高城市的效率，其主要体现在居民通勤时间的节约上。通过世界57个城市的研究数据表明，居民的平均通勤时间随着人口密度的减少而减少。而主张集中化、高密度发展的研究者从出行空间和成本的角度出发，认为高密度开发有利于缩短出行距离，从而降低城市运作的成本。高密度的发展，是降低成本、提高效益的方式，其认为低密度开发导致配套服务设施以及小汽车交通成本的提高，并且造成严重的环境污染和土地资源的浪费，是与可持续发展相违背的。从交通供给和需求的角度衡量不同密度开发效率需要针对不同的因素作综合评价。在时间距离和空间距离不同的概念角度下，结论是完全相反的。

（2）城市开发密度对交通需求的影响

城市开发密度对交通需求产生的影响，主要体现在对交通方式、交通量、出行距离和分布等方面。交通方式方面，研究表明，不同密度地区交通方式结构明显不同。总体而言，在各种交通方式中，密度对私人小汽车交通和公共交通有较显著的影响，高密度开发地区居民通常采用公共交通和非机动车交通方式，而低密度开发地区则以私人小汽车交通为主。国外学者 Pushkarev 和 Zupan（1977）通过研究发现，当居住密度达到60栋住宅/英亩时，一半以上的出行将采用公共交通方式，Cevero（1997）利用美国住房调查的数据分析发现，居住密度比土地混合利用程度更明显地影响通勤小汽车和公交各自的占有率，提高居住密度能有效降低私人机动车拥有率；Frank 和 Pivo（1994）通过研究指出，当就业密度达到75人/英亩时，随着就业密度的进一步增加，私人小汽车方式迅速向公交、步行方式转变。

从表2-11可以看出，随着开发密度的增加，公共交通出行比例大幅度增加，私家车比例则大幅下降。例如，低密度开发的莫里斯，公交分担率仅为3.9%，私家车分担率则高达92.2%，其城市交通模式以私人小汽车交通为主；高密度开发的香港，公交分担率高达84.8%，私家车分担率则仅为6.3%，其城市交通模式以公共交通为主。

不同开发密度下的城市日常通勤交通方式构成（单位：%） 表2-11

城市	所在洲	开发密度	步行与自行车	摩托车	公共交通	私家车	其他
莫里斯	美洲	低	1.4	0.9	3.9	92.2	1.6
伦敦	欧洲	中	11.5	1.9	17.0	70.6	—
香港	亚洲	高	2.9	3.8	84.8	6.3	2.2

资料来源：http：//www.njtpa.org；http：//www.dft.dov.uk；http：//www.bjinfobank.com。

可以推出一个结论：城市密度的增大会使公共汽车出行的费用相对于私人交通下降快得多，密度增大私人交通的出行比例下降，公共交通增加。

对于大多数中国城市而言，高密度开发的城市中步行与自行车方式是日常出行的主要方式；其次，在交通量方面，高密度开发的城市交通出行量集中；在出行距离方面，开发密度高，用地选择自由度高，土地使用有机性强，机动车出行方式距离较短；开发密度高，城市的交通出行分布越容易在较小的范围内就地均衡。

2.3.3 交通体系对城市土地使用的影响

交通作为人们完成社会经济活动的前提，是国民经济的重要组成部分。姚士谋等专家提出，加强城市空间扩散过程的重要因素是交通条件的变化。可以说，城市交通方式和道路系统的布局对城市的规模和土地使用分布具有重大影响，同样它作为重要的基础设施和对外交流通道在一定程度上牵引城市的扩展方向，对城市的发展方向也起着重大的引导作用。

1）交通方式结构对城市用地布局的影响

从历史上看，交通工具及运输方式的变革是新技术革命的起源和落脚点，任一历史时期，交通的发达程度都体现着当时科学技术发展的水平。交通工具在技术上的突破让城市跨越原有界限向外围区域发展，从而不断改变城市的用地布局。当新的交通工具出现，城市的发展会突破原有约束门槛，在更大的尺度范围内组成新的布局，然后采取填充的方式继续拓展（图2-11）。

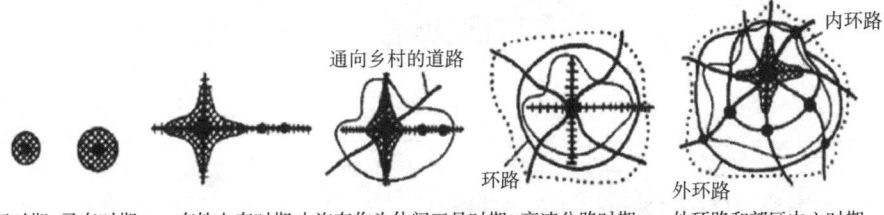

图 2-11　交通方式变革对城市用地布局的影响

城市形态的集中与分散、集聚与扩散的演化中，交通虽不是最根本的决定因素，但它作为一个极其重要的影响因素作用于城市空间演化的始末。

城市的用地布局、规模，甚至城市的生活方式都需要一个城市的交通系统支撑。洛杉矶的分散布局离不开它密集的高速公路网；伦敦的生活方式取决于它19世纪所形成的铁路；纽约曼哈顿的繁华则有赖于它发达的地铁和公交系统。我国城市形态呈同心圆的发展模式与普遍采用自行车和公共汽车作为客运工具的生活方式有关。

19世纪中期以来，世界上城市交通经历的几次较大的变化，导致客货发生空间位移，也给城市空间形态及空间拓展产生了深刻的影响（表2-12）。

城市布局随交通方式的发展　　　　　　　　　　　　　表 2-12

交通发展阶段	城市结构	图示	特点
步行、马车时代	封闭式城市结构		城市空间半径和可达性小，城市结构集聚性强
有轨电车、市际和郊区铁路发展阶段	半封闭、半开放型城市结构		城市扇形模式开始出现，城市空间半径不大，可达性逐渐提高，城市影响区范围逐渐扩大；沿着主要铁路线，距离城市更远的郊区走廊迅速形成，按照收入水平高低排列的典型的"串珠状"居住地分布模式开始形成
汽车阶段	开放型的城市结构		汽车的发展对城市空间形态冲击最大、影响最深，汽车以其无与伦比的灵活性、方便性和舒适性帮助居民第一次摆脱在居住、出行等方面对有轨交通的依赖，加速了城市郊区化的进程，可达性强

续表

交通发展阶段	城市结构	图示	特点
高速公路与环路快速发展时期	开放分散的城市结构	（内环路／外环路示意图）	城市化地区建筑梯度不很明显，城市形态开放分散，城市形态多核心模式开始出现，可达性强

2）交通线网格局对城市用地布局的影响

城市的用地布局、规模，甚至城市的生活方式都需要一个城市的交通系统支撑。城市道路系统是组织城市各种功能用地的"骨架"，又是城市进行生产活动和生活活动的"动脉"。在不同的社会经济条件、城市自然条件和建设条件下，不同城市的道路系统有不同的发展形态，一般主要形式包括4种类型，即方格网式、环形放射式、自由式和混合式。在城市形成及发展的过程中，道路系统与城市的用地布局之间存在着一定的关系。其规模也与城市的发展水平是保持一致的，随城市规模扩大而增大；而对于任何新增的土地使用，都会产生新的出行活动，要求提供必要的交通设施，尤其以道路为根本。

方格网式道路系统又称棋盘式，是最常见的道路网形式，没有明显的中心节点，交通分配比较均匀，整个网络的通行能力大。其优点是布局整齐、有利于建筑的布置和方向的选择，对城市土地开发的地块有利。方格网式道路系统一般适用于地势平坦的中心城市和大城市的局部地区。该类道路系统容易形成相对均匀的土地开发强度，土地的交通生成也较为均匀，便于处理土地使用与交通之间的关系，但土地使用的向心性不够，对于某些希望突出公共性的用地开发效益可能会有所影响。而且对角线交通联系不够，非直线系数网络距离比空间距离大。一些大城市的旧城区历史形成的路幅狭窄、间隔均匀、密度较大的方格网，已不能适应现代化城市的交通要求，可以组织单向交通以解决交通拥挤问题。

环形放射式干道网系统起源于欧洲，以广场组织城市的规划手法表现，最初是几何构图的产物，通常适用于大城市和特大城市，一般都是由旧城区逐渐向外发展，由旧城中心向四周引出放射干道；这有利于市中心的对外联系，却不利于城市中心外围片区之间的联系。因此城市发展过程中逐渐加上一个或多个环城道路形成环形放射式道路网。这类道路网络一方面容易使中心区交通需求高度集中，造成中心区的土地开发强度过高，另一方面其结构本身不具有开放性，中心越来越强化，用地呈圈层式扩张，比较容易形成"摊大饼"式空间布局。

自由式道路网以结合城市的地形为主，路线的线形随地形的变化而变化。许多山区和丘陵地形起伏大，常常沿山麓和河岸便形成了自由式的道路格局，街道狭窄有蔓生特征。

自由式道路网络的优点在于充分地结合了城市的自然地形，节约了道路工程的费用，但非直线系数大，不规则的街坊多，开发用地比较分散。

混合式道路网由于历史的原因，城市的发展经历了不同的阶段，最终形成的道路网形式。它是上述 3 种干道网络的结合，布置得好可以发挥它们的优点，又可以避免它们的缺点，是一种扬长避短、较为合理的形式，对城市土地的开发也较为有利。

2.4 城市土地使用与交通一体化规划研究

2.4.1 土地使用与交通一体化规划的理论基础及相关研究

早期的土地使用与交通一体化的设想是在城市交通学不断走向成熟的过程中产生的。在交通工程学的发展过程中，积累了大量有关道路流量、车流速度、出行起讫点分布等交通流时空分布特征统计分析资料和研究成果。而真正土地使用和交通系统一体化研究是在综合城市经济学、城市地理学、城市交通学等领域的研究成果的基础上，运用系统科学、数学和计算机技术等建立起来的。国外对城市土地使用与交通互动关系的定性研究过程，大致可以分为以下 3 个方向：

1）基于交通区位的经典土地使用模型理论

在土地使用的优化理论中，虽然交通运输的因素发挥的作用越来越小，但是由土地使用优化理论所建立起来的交通运输成本的最低化目标以运输成本作为一种"价格"的因素，作为土地使用与交通系统一体化研究的思想基础，主要包括以下三方面理论：

（1）古典经济学派区位理论

古典经济学派区位理论的研究者们应用经济分析方法研究了理想市场模式下的经济活动区位选择及其地域空间分布特征，形成了农业区位论、工业区位论和市场区位论等著名理论，其中交通系统与土地使用关系的探讨是这些理论中的重要研究内容，成为研究交通系统与土地使用关系的基础理论之一。

杜能（Thunen，1826）在农业区位论中从运费支出最少、利润最大化出发，考察了距离城市远近与农业耕作方式的关系，构建了以中心城市为核心的同心圆农业圈图，阐明了交通系统对农业土地使用区位的重要作用，是影响农业土地使用的重要因子。韦伯（Weber，1909，1914）工业区位论认为运费、工资和集聚是影响生产费用的主要区位因素，其中运费起着决定性作用，工资引起运费定位产生第一次"偏离"，集聚作用又使运费、工资定位产生第一次"偏离"，即最佳理想工业区位和企业厂址的选择就是在运费、工资和集聚二者关系中选择生产费用最低的区位。说明交通系统在工业区位选择中有着重要作用。克里萨特勒（Chrisatller，1933）和洛什（Losch，1940）在市场区位论中认为市场区及中心地体系的形成受不同原则和条件的支配，中心地和市场区大小的等级和顺序按照所谓的 K 值排列成有规则的、严密的中心地网络系列。他们探讨了商业中心分布、居住、工作岗位、服务与交通系统之间的相互关系,认为交通系统是影响市场区和中心地体系形成的一个重要影响因素。

（2）芝加哥学派城市地域空间理论

芝加哥学派的研究者们从人文生态学角度去研究人类活动对城市地域的空间作用,形成了著名的城市地域空间结构理论,其中作为人类主要活动之一的"交通"与土地使用的相互关系是该理论研究的重要内容之一。

伯吉斯（Burgess,1925）在城市同心圆结构理论中认为中心商业区交通条件最好,形成城市中心,分布着城市的主要商业;随着远离城市中心,交通条件变化,由于不同的用地功能对交通条件要求不同,城市地域空间分化为5个同心圆地带。该理论忽略了交通线对城市地域结构的影响,霍伊特（Hoyt,1939）对其进行了修正,提出了城市地域结构的扇形理论,认为城市发展是从市中心沿主要交通干线向外延伸,呈现出由交通干线支撑的扇形组合形式。市中心仍是中心商业区,而住宅区向四周沿交通干线呈放射状延伸,高级住宅区处于城市周边位置,中产阶级住宅区则位于高级住宅区和工人住宅区之间,工人住宅区位于市中心外围,其间夹杂批发商业和轻工业区。

1945年,哈里斯（Harris）和乌尔曼（Ulman）又提出了城市多核心理论模式,认为城市核心的分化和城市地域的分异是在区位、可达性、集聚、分异和地价等因素综合作用下形成的,再加上历史因素影响和局部地区的特殊性,使城市地域形成了多极核心。中心商业区是市内交通的焦点,但并非居于城市几何中心;靠近市中心是批发和轻工业区;重工业区布置在市区边缘;工人住宅区通常分布于市中心周围;而中、高级住宅区则布置于环境较好的城市另一侧。

（3）城市土地价值理论

阿隆索（Alonso,1964）正式出版的《区位与土地利用》一书,提出了城市土地价值理论,从土地区位和租金的角度论述了城市交通系统与土地价格之间的密切联系。他认为城市土地价格取决于租金,租金取决于土地区位,区位取决于土地可达性,也就是说城市地价取决于可达性。土地的可达性与城市交通系统密切相关,城市地价将随着它到城市中心的交通运费增加而下降,最高地价将产生于城市中心可达性最高的地块。

2）基于交通影响的土地使用与交通相互关系理论

1971年,美国交通部提出了"交通发展和土地发展"的研究课题,揭开了土地使用与交通关系理论的综合研究序幕,其后许多学者开始了现代城市交通系统与土地使用关系理论的专门研究,概括起来主要有三方面内容。

（1）城市交通系统对土地使用的影响

①城市交通系统深刻地影响着城市用地布局

亚当斯（C J. S.Adams,1970）归纳总结了北美城市交通系统与城市发展模式特征,认为两者关系发展经历了4个阶段:步行马车时代(1800~1890年)、电车时代(1890~1920

年)、汽车时代(1920~1945年)和高速公路时代(1945年至今)。施盖尔弗(Schaeffer,1975)和斯科勒(Sc1ar,1975)系统地探讨了城市交通系统与城市用地布局的关系,他们认为:城市用地布局在交通系统影响下经历了由"步行城市"演变到"轨道城市"直至最终"汽车城市"的过程,指出了城市交通系统在城市用地布局演变中的影响作用。1980年美国一项关于亚特兰大、巴尔的摩等城市环城公路对土地使用影响的报告指出了公路和城市用地布局之间的联系,再次证明了公路对城市用地布局有着巨大影响。之后,纽曼和肯沃思(Newman、Kenworthy,1996)再次深入研究了交通系统对城市用地布局的影响,把城市空间形态划分为2个阶段:传统步行城市(The Walking City)、公交城市(The Transit City)和小汽车城市(The Auto-mobile City)。

②城市交通系统影响土地使用布局

耐特(Knight,1977)研究了交通系统对土地使用的影响,系统总结了影响土地使用的各种因素:土地可达性、土地连接成片难易程度和土地使用政策等,其中土地可达性(即交通条件)是影响土地使用的最重要因素之一。但城市交通系统与土地使用之间的关系并非是单向的,斯多夫(Stover,1988)和科普克(Koepke,1988)研究指出两者之间存在双向反馈影响作用,它们之间形成一个作用圈,交通系统影响土地使用类型,而土地使用反过来又影响交通系统。

③城市交通建设对城市土地价格有着重要影响

新交通设施的建设提高了城市土地的交通可达性,使得在一定通勤时间内所能到达的土地增加,而这些土地对开发商更具吸引力,一般认为土地的价格将随之提高。比尔沃德(Baerwald,1981)讨论了交通可达性对住宅开发的影响,指出交通可达性是住宅开发的关键因素,那些不具备公路通道的地块由于缺乏价格竞争力,没有开发的可能性。

(2)城市土地使用对交通系统的影响

①城市土地使用特征从不同角度影响交通系统

西门兹(Simmonds,1997)等人在详细研究了布里斯托尔(Bristol)地区后指出土地使用混合程度是影响城市交通的主要因素,古里诺和吉纳维关等人(Giuliano、Genevieve and etc,1997)则详细研究了住宅、人口和工作岗位等因素对交通系统的作用和影响,另外一些研究者们研究了城市用地布局因素对交通系统的影响作用(Frank、Pivo,1994;Curtis,1996;Heart、Bennet,2000)。

②城市土地使用密度影响交通系统模式

普什卡列夫和朱潘(Pushkarev、Zupan,1977)研究指出土地使用密度越高,交通需求量就越大,当土地使用密度低于每英亩7栋住宅时,公共交通几乎没有可能性;当土地使用密度达到每英亩60栋住宅时,公共交通将成为该地区的主要交通方式。后来纽曼和肯沃思(1989)的研究更证实了土地使用密度对交通的影响,他们研究分析了全球32个大城市的交通系统与土地的使用关系,指出高密度与对公交依赖性之间存在很高的相关关系。许多研究者们研究指出土地使用密度影响交通出行方式选择，进而影响到交通系统模式。一般而言，土地使用高密度与公交出行模式有相对应的关系（Handy，1992；Messenger、Ewing，1996；Cevero，1996；Schimek，1996）。

③土地使用影响着交通出行特征

汉迪（Handy，1992）综合有关研究，分析了土地使用对出行特征的影响，指出随着土地使用密度的提高，交通出行次数减少，但随着出行速度的降低将有可能引起出行距离的增加；土地混合程度对交通出行类型影响微弱。其得出的结论与普什卡列夫和朱潘（1977）以及塞维洛（Cevero，1989）等人的结论基本一致。后来，汉森（Hanssen，1995）研究奥斯陆市时发现土地使用的变化引起了交通出行流量的相应变化，住宅密度是其中一个主要因素。这些研究充分表明了土地使用对交通出行特征有着深刻影响。

（3）城市土地使用与交通系统的协调研究

由于土地使用和交通系统之间的不协调是造成城市交通问题的主要原因，许多学者从促进城市良性发展出发，开展了两者关系的相互协调研究。汤姆逊（Thomson，1982）依据城市用地结构、城市形态和经济发展状况的不同，提出了5种解决城市交通问题的战略：强中心战略、完全机动化战略、弱中心战略、低成本战略和限制交通战略等。随着可持续发展理论研究的兴起，土地使用与交通系统的可持续发展也成为学者们研究的热点，许多学者从技术、价格资金和交通土地使用一体化规划等角度出发研究了土地使用与交通系统的可持续性（Dittmarand Hank，1995；Davis、Adrian，1996；Greene、David，1997）。1996年布莱克和威廉（Black、Willian）认为可持续的交通系统必须能够满足目前的交通需求而又不危及下一代的需求能力。惠特曼和克里斯廷（Whitman、Christine，1998）则进一步指出良好的土地使用和完善的交通系统是社会可持续发展的重要因素。

国外关于土地使用和交通相互关系的理论研究，起步较早且成果丰硕。从研究方法看，多学科交叉成为土地使用与交通一体化研究的特征之一。从前述介绍可以看出，国外土地使用与交通一体化的发展过程是一个以空间相互影响理论为主的区位可达性理论同熵等统计信息学理论、效用最大化理论、消费者均衡理论、行为学理论等结合起来的过程。研究方法亦不断发展，包括数学规划方法、空间投入产出分析方法、系统动力学方法、微观模拟方法等。随着新技术、新方法的不断发展，交通与土地使用一体化研究的多学科交叉特征将更加明显。

国内对土地使用与交通相互关系的研究起步较晚，到20世纪80年代中后期才开始逐渐受到重视。之后的90年代，我国城市土地使用与交通系统的互动关系的研究得到进一步发展，许多学者从城市土地使用与交通系统之间的相互关系和共生机制角度进行了定性的研究，取得了很多有价值的研究成果。范炳全等总结了发达国家交通与土地使用相互关系的研究进展，指出该领域的研究应引起我国规划界与学术界的重视，提出研究的基本点是交通与土地使用的相互关系，二者构成了一个动态的反馈系统。李泳分析了城市交通系统与土地使用结构的循环反馈关系，以及城市交通规划过程中进行城市活动系统分析的意义。东南大学硕士研究生张高军在其硕士学位论文中，以南京市为例，研究了城市土地使用与交通需求之间关系的相关理论与方法。北京交通大学博士研究生王殿海在其博士学位论文中，构建了开发区土地使用与交通规划的互馈模型，为此后更深入的定量研究奠定了基础。同济大学刘冰等人针对土地使用与交通的共生机制提出了城市规划与交通规划的关联性框架，其中城市总体规划与交通战略规划属于同一层面。

进入21世纪，随着城市交通问题的凸显，交通与土地使用相互关系的重要性成为理论界与规划界的共识，关于二者的研究也逐渐深入。以东南大学王炜教授为代表的交通工程领域学者，对城市人口、土地使用与交通模式的相关关系展开了一系列研究。曲大义、王炜等从可持续发展的角度出发，指出在土地使用与交通规划角度我国应加强以下方面研究：城市向郊区发展对中心区交通的影响研究、城市用地结构变动对路网交通状态的影响研究、路网交通极限承载能力对土地使用的制约研究、最佳土地使用模式研究等。曲大义在随后的博士学位论文中，对上述问题进行了深入研究。王炜、陈学武等出版专著《城市交通系统可持续发展理论体系研究》，通过总结近年来的研究成果，初步形成了城市人口—土地使用—交通模式相关关系的理论体系，并对南京等部分城市进行了相关实证研究。

3）基于交通出行特征分析的土地使用与交通相互关系研究

以中山大学阎小培教授为代表的城市地理领域学者，对高密度开发城市的交通系统与土地使用之间的关系进行了相关研究。阎小培（2000）等对广州市CBD的交通特征和交通组织进行了初步研究，从CBD路网形态特征、交通运输特征、交通流量特征等3个方面分析了CBD交通的现状和CBD土地使用对交通的影响，提出解决问题及合理组织交通的措施。毛蒋兴和阎小培（2002）从定性研究、定量研究及两者关系协调研究等方面系统阐述了我国城市交通系统与土地使用互动关系研究的进展，并指出这方面的研究是进行交通政策分析、制定未来交通政策及解决复杂城市交通问题的基础。曹晓曙和阎小培（2003）以广东省东莞市为例，分析改革开放二十余年来经济发达地区交通网络的演化，以及由此引起的通达性空间格局变化。毛蒋兴和阎小培（2002）以广州市为背景，引入定量分析和GIS、RS空间分析技术，研究了我国高密度开发城市交通系统对城市空间格局、土地使用开发以及土地使用价格的影响。

除此之外，这个阶段很多学者从规划的角度提出了构建城市土地使用与交通系统一体化规划的理念，并针对其技术框架进行了深入、系统的研究。周素红（2005）等人提出一方面通过土地使用与交通一体化规划减少交通量，另外一方面通过一系列的交通需求管理措施，尤其对于土地使用与交通一体化规划提出了针对空间结构优化的交通发展战略。陆锡明（2005）结合上海建设国际大都市的发展目标提出了四大方面战略建设一体化综合交通规划体系，将交通从配套性的服务建设转向引导大都市建设的决定因素。陆化普（2009）等人通过对土地使用、交通设施以及交通需求特性的关系及其动态演化机理的分析提出了土地使用与交通一体化规划的技术框架,分为交通对空间结构的反馈、交通对土地使用的优化、综合交通规划以及实施、评价规划4个阶段。郭亮(2009)等人结合顺德、遵义、眉山以及邯郸4个中等城市土地使用模式与交通出行结构优化作了相关性分析,从交通结构优化的角度提出缺少相应土地使用模式的支撑,就无法形成公共交通客流基础,对空间结构自身优化也无益。王缉宪(2001)对国外土地使用与城市交通一体化进行了介绍和分析,并针对国外土地使用与交通一体化规划发展的典型案例进行了分析,从对比中发现土地使用模型的落后制约了一体化的进程。郑猛(2010)从土地使用与交通互动的关系提出两者之间协调发展的背景下,城市用地布局应当能支撑交通系统的高效利用,而交通系统能够有效支撑和引导土地开发。

通过以上3个方面的理论综述及实践分析,可以看到在城市土地使用与交通系统的相互关系的定性研究方面的研究重点和主要结论是:

(1)城市土地使用与城市交通体系布局相互影响。一方面,城市土地使用决定了城市交通体系布局;另一方面,城市交通体系布局引导城市土地使用的发展方向,进一步影响城市土地使用的空间变化。

(2)城市规划与交通规划要实现一体化必须要从层面实现对接,即城市总体规划对应交通规划的战略层面,城市土地使用必须要有合理的交通发展模式支撑,合理的交通体系引导城市空间的拓展。

(3)城市交通系统外部环境中最为重要的一个因素是城市土地使用布局,包括使用性质与开发强度。土地使用布局决定了交通需求的强度和分布特征,这一点容易为规划人员所理解,而交通系统对土地使用布局的引导作用却常常被忽视,未来规划中要强调交通环境容量分析的制度化及相关技术的研究。

2.4.2 土地使用与交通一体化模型研究

1)可达性计算方法

可达性是联系城市土地使用与交通相互关系的手段,对可达性的量度方法决定了城市土地使用与交通之间的连接方式,目前主要的连接方式及优缺点介绍如下:

(1)时间限定下对活动的接近。如通过汽车在30min内到达的工作岗位数量,公式表达一般可以表示如下:

$$A_i = \sum_j R_j \forall T_{ij} < X \qquad (2\text{-}1)$$

其中A代表可达性,R代表工作岗位,T表示时间,X则表示时间限制。

这种描述的好处在于:易于说明,计算直观。

劣势在于:时间限制上的任意性,对非时间因素的忽略,表示多模型的影响方面值得怀疑。

（2）基于复合效用（logsum）的可达性描述。如就业的可达性，公式一般表示如下：

$$A_i = \sum_j R_j e^{\log sum_{ij}} \tag{2-2}$$

其中 A 代表可达性，R 代表工作岗位，logsum 源于模型选择。

这种描述的好处在于：对非时间因素的综合，可以表示多模型的影响，反映了活动的空间分派，连接了选择模型，计算机表达直观。

劣势则在于：解释说明困难，不能从行为分布反映相关信息。

（3）有利出行的可达性表达。如基于家庭工作目的的可达性，公式一般可以表示如下：

$$A_i = \frac{\sum_j \left(T_{ij} \log sum_{ij}\right)}{\sum_j T_{ij}} \tag{2-3}$$

其中 A 代表可达性，T 为出行时间，logsum 源于模型选择。

好处在于：对非时间因素的综合，可以表示多模型的影响，反映了活动的空间分派，与选择模型及出行分布模型相结合，解释直接易懂。

劣势在于：表达了较少的空间变化。

（4）结合目的地与模型选择的可达性。如基于家庭工作目的的可达性，公式一般可以表示如下：

$$A_i = \log sum_i \tag{2-4}$$

其中 A 代表可达性，logsum 源于目的地与模型选择。

好处在于：简单且理论坚实，对非时间因素的综合，可以表示多模型的影响，反映了活动的空间分派，与选择模型及出行分布模型相结合，解释直接易懂。

劣势在于：表达了较少的空间变化。

2）模型分类与评价

（1）基于模拟对象的划分

①基于出行（集计类模型）

基于出行（trip-based）的模型是目前应用广泛和相对发展较为成熟的一类模型，可以归结为集计类模型，如著名的四阶段模型。基于出行的模型由于自身的一些明显缺陷而受到种种批评，如忽视了在出行过程中，个人与家庭成员之间在时间和空间上的相互联系，未能反映出行需求的基本属性等。

基于出行的模型是建立在城市空间理论的基础之上，城市空间理论则经历了从空间微观经济学到空间交互作用方法等发展阶段。城市空间理论对土地使用与交通相互作用模型系统的开发，主要是采用集计型的空间交互作用方法。如描述城市活动在空间交互作用过程中的经济关系和市场机制下的供求平衡的投入产出模型框架、用于模拟城市活动的空间分布规律的引力模型和熵模型以及广泛应用于用地选择、路径选择、出行方式选择的随机效用理论和离散选择理论等。

②基于行为（非集计类模型）

基于行为（activity-based）的模型从出行者的日常活动安排出发，认为出行者的日常活动行为是其从事个人事务和各种社会参与的需求，并强调出行是长期的、更重要的个人事务的一部分，或者是属于个人的、带有协商性或强制性的社会（主要是家庭）义务的一部分。

基于行为的模型源于研究人类行为（human behavior），特别是出行行为的理论。Mitchell和Rapkin（1954）率先在出行与活动行为之间建立起联系，但没能形成一个综合的框架以便深入研究出行行为。Hägerstrand（1970）把界定系统约束的所谓时间地理分析方法应用于研究人们日常活动的时间和空间格局过程。Chapin（1974）提出了时间空间行为模式（time-space behavior patterns）。

（2）基于不同结构的划分

目前，城市土地使用与交通相互作用模型基本上可划分为3种结构类型：分离（stand-along）结构、耦合（connected）结构和集成（integrated）结构。

①分离结构

分离结构是将土地使用系统和交通系统分隔开来，系统之间没有直接的信息反馈回路，从而不考虑系统之间用地与交通的综合供求平衡问题。

分离结构模型包括较早由Putman开发的DRAM/EMPAL。模型结构如图2-12所示，模型的土地使用模型系统由两个模块组成，即DRAM（disaggregated residential allocation module）模块和EMPAL（employment allocation module）模块。DRAM模块执行住宅分派功能，EMPAL模块则执行就业分派功能。此外用一个LANCON(land consumption)模块，执行用地消费模拟功能。交通模型系统则是建立在四阶段模型基础上。在交通模型系统和土地使用模型系统之间，没有设置直接的信息反馈回路，不能模拟用地与交通的相互作用和相互影响的综合供求平衡关系。

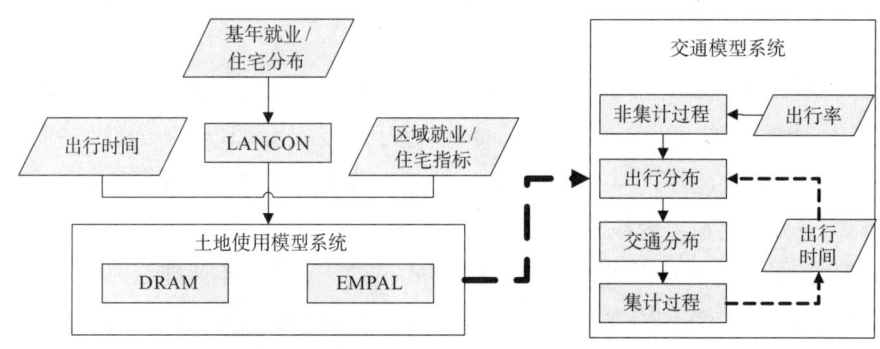

图2-12 分离结构模型（DRAM/EMPAL）

②耦合结构

耦合结构中的土地使用模型系统和交通模型系统虽然界线分明、各司其职，但在这两个系统之间有一个连接界面（系统调节）。这个连接界面的作用就是执行诸如数据转换和信息交流互馈等功能。基本结构如图2-13所示。

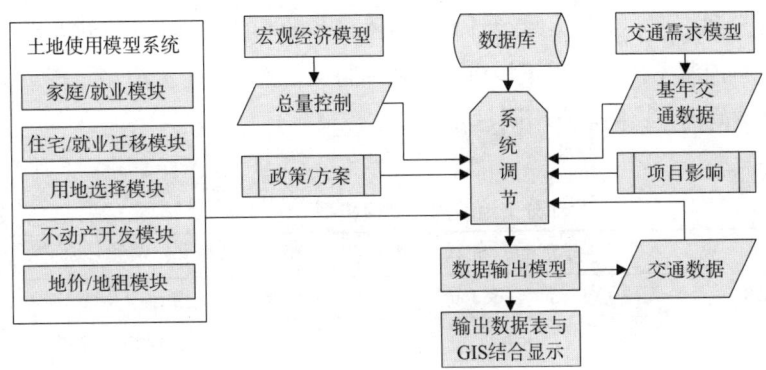

图2-13 耦合结构模型

③集成结构

集成结构是将土地使用模型系统和交通模型系统融为一体，如图2-14所示。集成结构在土地使用模型系统与交通模型系统之间的界线已变得较为模糊。土地使用模型系统功能不仅执行空间分派的功能，还执行空间分布的功能，输出各种OD矩阵等。同时交通模型系统则主要执行路径选择功能。

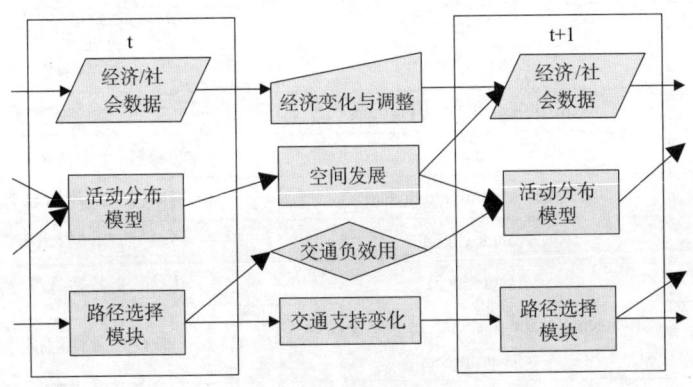

图2-14 集成结构模型

3）模型的适用性分析

（1）已有模型介绍评述

在土地使用与交通模型发展方面，由基于微观经济学的模型，到基于出行的模型，再到基于行为的模型,模型表现客观现实的能力与分析预测能力不断得到改进,整个模型系统从理论的高度不断接近现实世界,更加真实、动态地反映了城市各种活动所生成的用地与出行需求的基本规律与特点,同时也反映了城市土地使用与交通之间相互作用和相互影响的客观事实。

基于以上认识,由于模型牵涉的变量和参数众多,试图模拟的关系亦极为复杂,使得模型的开发和应用在理论发展及计算机技术进步的基础上得以不断进步并完善。经过长期发展,目前基本形成了以下城市土地使用与交通模型,不同模型对城市土地使用与交通的整合效果不一,侧重点不同(表 2-13)。

部分土地使用与交通模型　　表 2-13

模型	开发人员/机构	模型说明
AMERSFOORT	Floor and de Jong	应用于荷兰阿姆斯福特
BOYCE	Boyce	地点和出行选择模型
CALUTAS	Nakamura et al	应用于东京等日本城市
CUF	University of California at Berkeley	加州城市未来模型
CATLAS/NYSIM	Anas & Duann	应用于芝加哥、纽约等城市
DELTA/START	Davids Simmonds Consultancy,MVA Consultants	土地使用 DELTA 模型与 MVA 的 START 交通模型配合使用
DRAM/EMPAL	Putman	可形成整合的交通和土地使用模型包 ITLUP
HUDS	Kain & Apgar	哈佛城市开发模拟器
IMREL	Anderstig & Mattsson	居住和就业地点整合模型
IRPUD	Wegener	Dortmund 区域模型
KIM	Kim	非线性城市均衡静态模型
MASTER	Mackett	应用英国利兹等城市
MEPLAN	Marcial Echenique & Partners	整合模型包
METROSIM	Anas	微观经济土地使用和交通模型
MUSSA	Marinez for Santiago de Chile	五阶段土地使用和交通模型
OSAKA	Amano,et al	应用于日本大阪
PECAS	Hunt,et al	生产,交易和消费分派系统
POLIS	Prastacos for the Association of Bay Area Governments	优化土地使用信息系统
RURBAN	Miyamoto	随机利用 URBAN 模型
STASA	Haag	基于 master 方程的整合的交通和城市模型
TOPAZ	Brotchie,et al	应用于墨尔本、达尔文等城市
TRANUS	Barra	交通和土地使用模型
ULT	Maekett	keds 整合的交通和土地使用模型

续表

模型	开发人员/机构	模型说明
UPLAN	Johnston, et al	简单的基于尺度的模型
URBANSIM	Waddell	新居民居住地点选择微观经济模型
WHAT IF	Klosterman	对不同政策或假定的土地使用情景模拟

各种模型虽然在设计思路及结构上不同，但是各种模型之间有时间及结构上的交互关系，模型的发展历史及模型间的传承改进关系如图2-15所示：

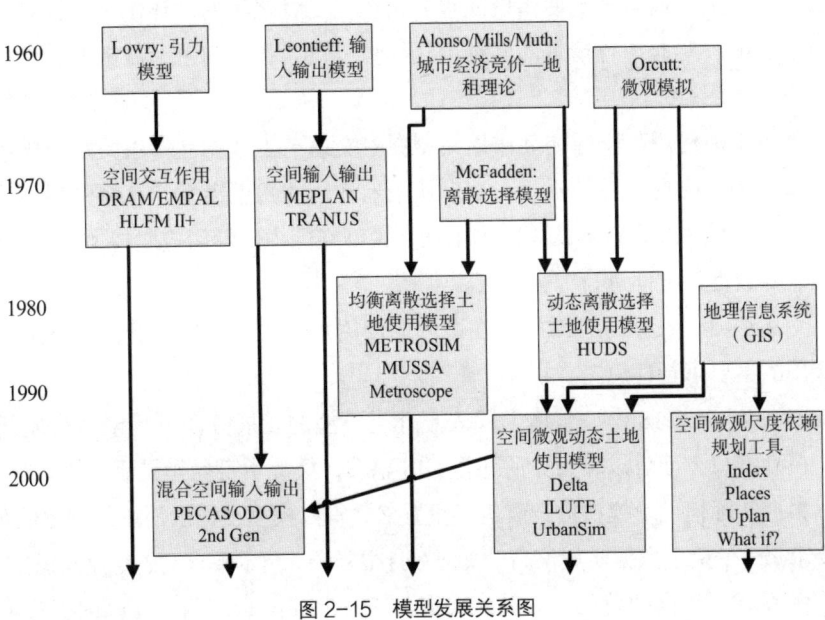

图2-15 模型发展关系图

通过上述分析可以看出耦合结构模型系统和集成结构模型系统才是真正意义上的空间交互作用模型。模型模拟的基本对象是各种城市活动，即生产和消费过程中投入和产出的产品，各种城市活动在供求平衡的市场机制下决定各自产品的生产和消费，产品的生产和消费需要使用土地，产品的交换和流通需要交通系统支持，产品根据用地的区位效用来选择用地，同时根据交通负效用来选择出行路径。

（2）模型适用性分析

城市土地使用与交通相互作用模型应用广泛，是城市土地使用、交通、能源、环保、空间等多个领域规划方案编制与政策制定的量化分析工具。根据不同的发展基础及发展设定，获得不同条件下的区域内就业分布、土地价格、交通状况、能源消耗等重要指标，从而为城市低碳化、可持续发展提供帮助。其中在城市低碳化发展作用方面作用主要体现在以下几个方面：

一是方案评估，城市规划方案的编制考虑因素众多，低碳化发展应该成为城市规划编制的指导思想之一。模型对规划方案的土地使用效率、交通能耗大小、交通碳排放等评估提供支持，从而为城市低碳化发展提供定量依据。

二是政策评估，政策制定对城市发展方向具有极其重要的作用，特别在当前中国的实际情况更是如此，如何评价不同政策对城市低碳化发展的作用并将其表现在空间上将是城市土地使用与交通相互作用模型的一个重要作用。当然仅仅依靠某一个模型进行评价是很难做到的，与宏观经济模型、碳排放模型等的结合是解决此类问题的重要方向。

三是综合情景模拟，城市发展变化的复杂性使得对城市低碳化发展的考虑是多因素、综合性的，这其中交通与土地使用扮演重要角色，二者之间的循环作用必将对城市碳排放产生重要影响，对此综合情景的多种组合模拟将可以在空间上为城市低碳化发展提供帮助。

已有城市土地使用与交通相互作用模型在对交通与土地相互作用关系的描述上相差较大，有些模型对交通的考量不足，更多从土地使用的角度出发，有些模型则较好地处理了这方面的关系。综合以上认识，本书认为模型在国内的使用应坚持适用性、低成本、易改进性、开放性等方面进行综合考量。

针对上述原则，文章分别对模型在国内的使用角度进行对比分析，并指出现阶段模型国内应用的主要可行性思路。

UrbanSim 与 PECAS 模型整体上代表了此类模型的发展方向，且模型形成开放的软件系统，模型接口方面可以较为方便地与 GIS 整合，模型本身操作灵活，如 UrbanSim 的使用可以根据实际情况对模型进行改进、重置参数等。模型在国内使用的主要困难是：模型数据要求量大、要求数据质量很高、模型本身很复杂、技术要求高、专业知识要求很高、大量的人工互动、较高的费用（人员、咨询）等。上述困难短期内在国内很难解决，特别是数据的共享等方面，所以就国内应用而言现阶段不建议使用上述模型，但是长期来看，上述模型对于城市发展中的土地使用与交通、环境的关系意义很大，目前可以针对此类模型开展尝试性的应用。

Uplan 模型与 What if？模型很接近，What if？模型作为商业化软件，其购买及咨询需要付费，好处在于可以得到及时、足够的技术支持及升级服务。Uplan 作为免费软件在费用方面则相对较低。Uplan、What if？在与 UrbanSim、PECAS 的比较中，Uplan、What if？模型对城市发展影响因素的考虑不如 UrbanSim、PECAS，UrbanSim、PECAS 可以基于微观个体选择，Uplan、What if？很难做到，在对交通要素的考虑上，也明显不如 UrbanSim、PECAS 模型整合的好。严格来讲 Uplan、What if？主要还是考虑土地使用的模型。

Uplan 模型在使用上可以与交通模型很好配合，数据交换相对容易很多。是一个很好的应用于交通规划的城市增长模型。What if？模型的最大好处在于对政策的设定，即情景的设定模拟上具有很大优势。

综上所述，本书认为城市土地使用与交通相互作用模型的使用应循序渐进、从实际需求与现实条件出发。城市在制定自身的发展策略时必须借助土地使用与交通相互作用模型的帮助，以便客观评价、制定城市发展策略。现阶段模型的使用建议以 Uplan 模型或 What if？模型的使用结合交通模型共同研究城市土地使用与交通相互作用，模拟城市增长，为城市发展进行提供帮助。

4）未来拓展方向：基于 PSS 的城市土地使用与交通一体化系统建模

（1）规划支持系统

"人（用户）"与"计算机技术"共同做出决策，在规划支持系统中，用户在其中具有完全的决策权。系统根据各种给定的前提条件产生备选的决策方案，但是并不对备选决策方案进行评价、筛选。判断决策方案的优劣，选取最佳方案的决策权完全在于"用户"。计算机内部的决策过程是一个"透明箱"，其中的规则、方法应该是用户可以清晰掌握的，用户可以改变各种前提条件和规则，由系统产生不同的结果。在这一关系中，"人"是规划决策的核心，"计算机技术"仅仅是工具而已，其建模流程如下（图 2-16）：

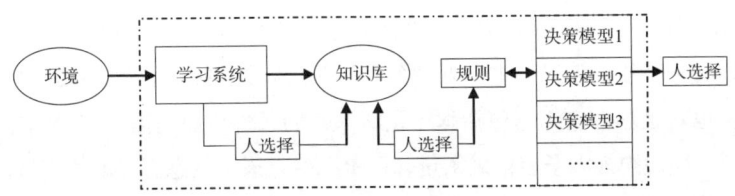

图 2-16 专家系统建模主要流程

（2）PSS 的建模应用

在应用领域上包含在规划实施中的公众参与，规划编制中的可视化分析，战略规划研究、土地使用规划、基础设施规划、环境管理和规划等，几乎覆盖了城市规划的各个研究领域。

（3）应用 PSS 建模思想的优势

应用 PSS 思想解决城市规划编制中的战略规划研究、土地使用规划、综合交通规划、基础设施规划、环境管理等方面具有以下优点：

①基于规划支持系统的建模应用规划领域广

第一，城市土地利用／土地覆盖变化（Land-use/land-cover change）

如其名称所示，这些模型只适合于在一个地区的土地用途或土地覆盖的变化。所有特定规模城市的城市模式、状态变化与 CA（Cellular Automata）模型都可以用来预测未来土地使用格局，同样 CUF 和 What if？等以规则为基础的模式也可以。然而，不同的土地利用／土地覆盖变化模型都能应用于预测不同的使用类别，不同类型的预测模型在规模预测上却有很大的差异。

第二，城市综合预测（Comprehensive projection）

综合预测模型项目不仅能对土地使用变化进行模拟，而且对其他相关的内容也可以纳入，如交通流量、人口、就业、楼层面积以及对环境的影响。METROPILUS、SPARTACUS、TRANUS 和 UrbanSim 这四个大规模的城市模型已具有突出的影响；What if？2.0 突出了小地区的人口和就业模式的影响。

第三，三维可视化模拟（Three-dimensional visualization）

在过去几年中，三维可视化领域的大量创新性工作已经得到完成（Batty，et al，2001；Langendorf，2001；Pettit，etal，2004）。最理想的是，所有 PSS 将利用三维可视化传达替代性政策选择信息的影响，将不同政策的影响结果变为用户更容易理解的方式。不幸的是，CommunityViz 是目前唯一成熟的工具。PSS 需要应用其他三维可视化工具，如那些正越来越多地纳入商用地理信息系统软件包，如 ERDAS's Imagine VirtualGIS，以及 ESRI 公司的三维分析、ArcScene 和 ArcGlobe。

第四，影响评估（Impact assessment）

所有的 PSS 都可以在某种程度上用来评估其他公共政策选择的影响。如果它们不能做到这一点，那就失去了 PSS 的作用了。然而，这三个规则为基础的模型：CommunityViz，INDEX 和 Place3S 是独一无二的主要处理公共政策影响评估的模型，主要应用于邻里单位或社区规模。也就是说，它们不包括程序预测未来的条件，而是需要用户指定对未来有影响的明确规则，往往纳入电子表格来衡量和评价那些对未来状态有影响的变量。

②基于规划支持系统的建模体现城市规划理论思想

第一，与多方参与规划的城市规划思想密不可分，都支持"与公众一起规划"的多方参与规划模式，为参与规划的各方（决策者、专业规划师、普通公众）提供一个互动的、沟通交流的平台。这一特征与西方城市规划界对规划本体认识的变化直接有关。

第二，都是一种支持规划决策产生的工具。规划支持系统本身并不做出决策，也不直接推荐出最佳方案，只是在各个阶段规划的过程中提供各种支持。支持决策过程是透明的，不是"黑箱"式的。可以直接反映各个阶段规则、标准制定对决策支持的影响。

现有的规划支持系统，使用过程一般符合以下模式。先预设几种未来可能发生的情况，再模拟出每一种情况的发展"情景（Scenario）"。根据每个"情景"，模拟产生不同的规划实施后场景及产生的影响；用可视化方式（二维、三维图形图像，图表等形式）传达给参与规划的各方。反映不同利益和价值观的各个规划参与方，寻求符合各方利益和价值观的规划。规划过程中可改变模拟规划措施,得到不同的未来场景。通过这样的互动，做出规划决策。

③人性化界面管理

近年来，PSS 特别注意了本系统使用的灵活性和对使用者不断变化需要的适应性，使其便于扩充和发展。由于 PSS 大量引入了地理信息系统（geographic information system，

GIS）技术，可以将城市规划中具有空间特征的信息进行可视化表达，为信息使用者提供直观清晰、全面的信息表达方式，这不仅利于提高城市规划决策的科学性和合理性，而且有利于用户的操作和了解。

（4）未来城市土地使用与交通一体化系统建模拓展方向

①应用 PSS 的城市土地使用与交通一体化建模是发展必然

PSS 服务于规划（Planning）应用，针对特定城市规划设计、管理和研究人员。PSS 的角色是支持（Support）决策，即并非取代规划师或追求智能化的规划方案自动生成。PSS 基于计算机技术的系统（System），具有规划人员易于掌握的交互界面，能够输入输出满足规划设计和分析的结果。PSS 强调长期决策和策略性问题，涉及的人群类型多，利益关系复杂，服务主要目标是城市规划的整个过程；而 PSS 注重短期特定任务，用于可操作层面的政策制定过程。规划支持系统强调解决城市发展中的空间决策问题，这与城市土地使用与交通一体化模型系统在很多方面是类似的。

PSS 的应用在国外相当普遍，甚至有激进的学者认为城市规划必须使用 PSS 的支持，城市规划、建筑等属于 IT 产业的论述。而国内虽有这方向的应用介绍，但还是相当的少，真正应用 PSS 的规划决策鲜见。而基于 PSS 的规划必然离不开对城市土地使用与交通的研究，规划在很大程度上是对土地在空间的使用分布进行的研究。

所以土地模型、城市模型、土地使用与交通一体化模型、规划决策支持系统等概念在具体实现的软件平台上有很多共同之处，很多软件平台本身具有一个或多个功能。如广泛使用的 What if？软件就是典型的 PSS 软件，但是也可以把其归结到土地模型里面等。土地使用与交通的一体化模型系统在今后的使用上更多地基于 PSS 的应用将是未来的重要发展方向。

②建模需要整改方向

由于城市土地使用与交通相互作用模型在国内很少得到应用，模型应用多在欧美国家，特别是北美几乎每个城市在制定自身发展策略的时候都会使用模型。国内目前而言尚没有自身独立的城市土地使用与交通相互作用模型，而这方面模型的使用将是今后城市发展的必然，特别在强调节能减排、低碳经济的今天更是如此。美国城市土地使用与交通相互作用模型的大量出现及其应用的一个重要原因便是满足清洁空气修正案（Clean Air Act Amendments）、国家环境政策法案（National Environmental Policy Act）等的要求。

引进已有的代表未来发展方向的先进成熟模型并进行符合中国特色的改进将是现阶段城市土地使用与交通相互作用模型在国内应用的主要思路。国外已有模型在国内应用的主要问题可以初步总结如下：

第一，模型的设计思路

国外已有模型的一个重要假定是完全市场经济条件下的供求平衡，这与国内土地市场的状况不符，这就需要在模型设计（改进）时考虑垄断市场下的土地供应及交换在模型中怎样体现。

第二，模型的数据要求

国外已有模型在设计输入数据时考虑的主要因素不同于国内实际情况，在数据的输入设计方面必须要与国内的统计数据相吻合。

第三，对宏观经济的考虑

宏观经济的考虑是所有此类模型无法回避的问题，对宏观经济的描述国外已有模型多从人口、就业考虑，而国内的情况而言，宏观经济最重要的指标是GDP、FDI等，这在模型的应用时候应加以改进。

第四，模型影响因素及参数估计

模型在内部结构上有众多子模块，各个子模块在设计上由众多方程组成，对因变量的解释在国内实际应用时应考察各自变量的设计是否符合实际，并对参数进行重新估计。

③模型外部整合发展方向

模型在国内应用的发展方向除了进行本土化的改进之外，最好能够自主设计符合中国特色的城市土地使用与交通相互作用模型。模型在整合了土地与交通使用的同时，应能与其他模型更好地对接，一个重要的对接方向是与交通排放模型的结合，这样将能更好地为城市经济的低碳发展提供帮助。

2.4.3 土地使用与交通一体化规划的规划实践

目前，世界上使用整合城市土地使用与交通规划一体化的成功案例为数不多。造成城市土地使用与交通规划一体化实践的不协调性和片面性的原因主要包括以下两个方面：一是人们还缺少对土地使用与交通之间互动关系的认知，以及缺少对一体化规划相应程序的了解；二是土地使用与交通一体化政策的制定涉及不同层次的政府机构（如地方性、区域性、地区性、国家性、甚至国际性），而不同部门的职能、工作程序等方面存在的一体化政策的制定受到一定阻碍。

尽管如此，世界范围内也有成功的实践案例，被公认达到了土地使用与交通协调发展、交通可持续发展的目的，并在一些地区推广应用。在整合的土地使用与交通系统方面，欧洲城市比美国城市做得好，南美洲、亚洲一些大城市也有一些成功的案例。美国学者塞维洛（Robert Cevero，1998）通过对世界范围内成功案例的分析和总结，发现在这些城市的发展过程中，都有一个共同的特征，就是成功地结合城市土地使用和城市形态大力发展公共交通。这些城市包括：新加坡、瑞典的斯德哥尔摩、丹麦的哥本哈根、日本的东京、德国的慕尼黑和卡尔斯鲁厄（Karlsruhe）、加拿大的渥太华、巴西的库里蒂巴、瑞士的苏黎世、澳大利亚的墨尔本和阿德莱德（Adelaide）及墨西哥的墨西哥城。

1）以公共交通系统为骨架引导城市空间结构拓展

这类城市的共同特点是公交导向式（TOD）的发展。这些城市往往考虑了较为长远和全面的城市发展目标，以有轨交通为干线通道，在沿线的主要站点建立相对密集和具有混合土地使用型的社区或新市镇。这些城市包括斯德哥尔摩、哥本哈根、东京和新加坡。伦敦、纽约、莫斯科和香港也有这种特点，但由于历史、地理和政治的特殊性（伦敦和纽约都属于"老一代"的城市，莫斯科发展是高度集权和强大政府力量，香港的高密度人口和"独立岛"式的行政规划与管理），它们的经验难以效仿。

香港是我国交通与土地使用协调发展的经典范例。香港先后进行了3次整体运输研究（CTS），分别是1976年进行第一次整体运输研究（CTS-1）；1989年进行了第二次整体运输研究（CTS-2），并于1993年进行了第二次整体运输研究的修正（CTS-2 Update）；1999年进行了第三次整体运输研究（CTS-3）。在CTS-2中土地使用成为交通运输研究、规划、建设的主要依据和条件，但是两者的关系仍然是主从配合、分离的过程。运输方案的制定和建议以土地使用的开发计划为前提，造成了交通运输网络的建设落后于土地使用的开发和交通需求。在CTS-3中，香港特别行政区政府已经意识到土地开发与运输规划必须更加紧密地结合，两者必须在规划初期统一考虑，从而将土地使用与交通整合的研究提高到更高的层面。

褚浩然（2008）等人结合北京的土地使用与交通发展评价指标集，从土地集约化程度、交通系统效率与服务水平、环境质量3个方面进行评价指标的选取，建立了宏观、中观分区和中观功能区的评价指标体系，分别对应于总体规划和控制性详细规划中界定的规划区域范围。

郭亮（2009）等人结合顺德、遵义、眉山以及邯郸4个中等城市土地使用模式与交通出行结构优化做了相关性分析，从交通结构优化的角度提出缺少相应土地使用模式的支撑，就无法形成公共交通客流基础，对土地使用自身优化也无益。

叶茂（2010）等人以镇江市为例，在空间演化的基础上，对不同的交通发展模式适宜性进行测试和评价，进而提出了支撑镇江市用地布局的交通发展模式。

2）以公共交通为支撑的城市中心体系建设

苏黎世和墨尔本属于这类城市。它们的特点是使用各种交通运输方式包括有轨电车、轻铁、步行区、单车道与城市公共空间的有机结合，达到重建中心区及保持或重振其商业活力的目的。这种使用多种公共交通或非机动交通方式达到了保持强核心区"人气"旺盛的目的，同时又避免了堵车的痛苦。

典型代表有慕尼黑、渥太华和库里蒂巴。它们的共同特点是一方面努力建设以公共交通（特别是大型轨道系统）干线通道为主的较高密度的集中性活动中心或生活中心，另一方面充分使用公共汽车等传统交通工具作为支线，覆盖低密度居住区。渥太华介于第一类和第二类之间，是公共交通系统和城市扩展互相迁就的城市。慕尼黑、渥太华和库里蒂巴的成功经验中重要的一点是在主要公共交通交汇点建设区域性的服务和就业中心，从而逐步提高公共交通系统的乘载量，达到逐步实现公交优先的长远目标。

综上所述，国外在土地使用与交通一体化规划实践方面，积累了丰富经验，也取得了巨大成效。首先，在规划实践方面，主要针对低密度分散的城市发展模式，通过鼓励发展公共交通，提倡高密度、集约化开发和土地的混合利用，实现交通与土地使用的一体化发展。对高密度集中发展的城市而言，其规划思想值得借鉴。其次，在管理实践方面，交通需求管理是欧美国家在基础设施建设已趋平稳，交通供给空间有限，而交通问题仍突出的情况下提出的。对于交通基础设施供给普遍不足的大多数发展中国家而言，交通需求管理的思想尤为值得借鉴，配合土地使用，能有效调整交通需求的时间、空间分布，提高交通设施的利用效率。

近年来，土地使用与交通一体化规划的重要性已经引起相关部门的重视，并在我国一些城市的总体规划及交通规划实践中有所涉及，但对实践的指导作用还较弱，大多数城市未能实现城市交通规划与土地使用规划的有机结合。应尽快建立理论与实践的快速反馈机制，尤其是在规划编制环节不断积累理论研究成果和技术创新，推进城市交通与土地使用的一体化协调发展。

2.5 规划支持系统的相关研究

纵观国内外已有系统的研究范式可以归纳为以下两大类：

1）研究范式Ⅰ

基于对城市运行过程模拟的研究。这类研究是通过建立城市数学模型来模拟与预测城市空间现象变化和运行过程，为城市政策方案的制定和评估提供技术支持。自20世纪60年代末以来，伴随计算机技术的进步，城市模型的发展主要有两个方向：以系统动力学为代表的城市模型和以离散动力学如元胞自动机（CA）、分形理论和自组织理论等为代表的城市模型。基于城市模型的决策支持系统以 Urbansim（Waddell, 2002; Noth, et al, 2003）、CUF（John Landis, 1994）、SLEUTH（Keith C. Clarke, 1997）为代表。国内也有少量学者开展此类研究，黎夏、叶嘉安（1999）等利用 CA 模型支持广东省东莞市的土地使用规划。

这类研究所使用的城市模型本身非常复杂、数据质量要求很高，可以揭示城市大量的复杂现象和动态演变，其模型原理虽有借鉴意义，但不足之处在于其核心技术属于"黑箱"系统，非专业人员难以理解且不能反映价值判断。

2）研究范式Ⅱ

基于对规划决策过程模拟的研究。这类研究特点是不依赖于传统的空间相互作用模型；也不采用计量经济学的方法，而是一种基于对规划决策过程的模拟建立人机交互式系统。这类系统以"What-if？"和"INDEX"为典型代表，可以由用户根据自己的选择确定规则和权重，并对不同的选择情况所产生的不同结果做出评价。"What-if?"是美国

Richard E.Klosterman 教授与 ESRI 公司联合开发的交互式系统，该系统包括土地适宜性评价模块、土地使用需求模块和土地使用分配模块，引入情景规划思想，由用户决定不同的增长模式、开发条件和开发限制因素。"INDEX"是目前美国使用最广泛的规划支持系统之一，在该系统的利益相关者目标模块中，用户可以通过等级加权工具，制定规划目标和重要方针的优先执行等级，从而反映决策者的价值取向。其指标库中包括 75 个以上的多层次目标，利用多目标评价理论和方法，根据各方面的指标值定量地评价各个规划方案。这类系统还有 UPlan（Johnston，et al，2003）、CommunityViz（Nedovic-Budic，et al，2006）等。国内也有少量使用这类系统开展的研究。例如，杜宁睿（2005）引进国外 What-if? 系统应用于城市总体规划的探索。丁成日、宋彦（2006）等运用 INDEX 对北京 2020 年城市土地使用布局进行了模拟和评估。

这类研究为决策者和利益相关者直接参与规划决策过程提供了可行途径，国外相关研究有参考和借鉴的价值，但仍需要结合我国城市规划体制和决策机制在理论、方法上进行探索和研究。

当前我国城市规划由技术工具向公共政策的转型，迫切需要城市规划决策支持系统与之适应。一段时期以来，地方政府在"GDP 崇拜"和"分权化"的驱使下，把城市规划作为经营城市、获取利益的技术工具，直接导致了中国城市化进程中的土地资源浪费、生态环境恶化、住房价格飞涨以及社会两极分化等诸多问题。随着科学发展观的提出，城市规划作为公共政策发挥调控城市空间资源、维护社会公平的作用日益成为社会共识。值得注意的是，城市规划决策支持系统作为城市规划决策的"支持"手段，尚未适应这一转变，主要体现在系统的开发者片面追求所谓的技术进步，而忽略了对系统的构建起决定作用的城市规划决策体制和运行机制的研究，对国外先进技术的引进和使用，也往往脱离我国特定的政策体制和机制背景。

为了适应于我国城市规划从技术工具向公共政策转型的需要，基于对规划决策过程模拟的决策支持系统将是符合我国现阶段实际的发展方向。本书将结合我国的城市规划体制和决策机制，构建公共政策导向下的城市规划决策支持系统，为各方（决策者、规划师、普通公众）共同参与规划决策提供一个互动、沟通的平台，从而实现城市经济、社会、资源与环境的协调可持续发展。

第3章　城市土地使用与交通体系发展政策研究方法

城镇化进程快速推进的同时，社会资源和能源利用在发生深刻的转变。能源、土地和水是支撑经济社会发展的三大基础资源，也是城市发展的三大核心资源。随着我国工业化和城镇化水平的提高，这三大资源的瓶颈效应已经越来越明显。一方面中国的资源总量不足，供需矛盾越来越大；另一方面城市能耗和排放已成为突出的现实矛盾与未来挑战。

目前快速城市化对土地资源的消耗及随之带来的交通能耗给我国能源带来极其严峻的考验，人口密度越低人均消耗土地越多，且人均交通能源消耗量也越多。比如，以小汽车交通为主导的美国城市，其人均交通能耗比以公共交通为主导的日本城市高出 2.5～4 倍。因此，在城市土地使用与交通一体化规划中，需要对交通与土地使用的互动关系做出全面、系统的分析和研究，以便更好地从根源上解决城市无序蔓延、交通拥挤和环境污染等问题。

城市土地使用与交通一体化研究从 20 世纪 60 年代的 Lowry 模型开始，国内外有无数的学者在这一领域进行了实践探索，并取得了非常瞩目的成就，但在实践当中无论模型如何精确均无法模拟复杂的土地使用与交通互动过程。本书认为造成众多的一体化模型始终不被用于规划实践的原因，主要是其始终尝试基于市场经济原理的运行模拟，而非对于规划实践中的决策支持。本书以辅助规划决策为出发点，提出将土地使用规划及交通规划过程作为一体化规划模型系统建构的主线，从而形成了土地使用与交通一体化规划决策支持系统研究。

城市土地使用和交通系统的发展都要在政策的约束和保障下才能发挥应有的作用。本书基于土地使用与交通一体化规划决策支持的方法，首先对不同政策情景下的城市土地使用与交通体系进行分析，其次通过交通可达性对土地使用进行回馈、优化，最后针对不同情景方案进行评价。以下为具体研究方法的介绍。

3.1　政策研究方法的确定

传统的土地使用与交通一体化模型始终尝试从土地使用与交通的内在机制来模拟城市规划及交通运行，而本书提出土地使用与交通一体化规划决策支持系统研究以模拟规划决策过程为基础，通过定量分析和可视化途径展现不同空间政策及交通政策在空间上的影响，从而为决策者提供技术支持。因此，土地使用与交通一体化规划决策支持系统研究既需要解决空间规划决策和交通规划决策各自的核心问题，又要实现两者之间的互动反馈。此外，还需要综合考虑空间规划与交通规划对接的问题，在此基础上提出一体化规划决策支持的思路及构建系统模型的要求。

3.1.1 研究问题分析

中等城市的土地使用与交通体系政策需要研究的问题主要有3个：第一，资源与环境约束的问题。无论是城市空间发展政策还是交通发展政策带来的土地资源消耗及能源消耗以及对环境产生的影响，都是研究的核心问题。第二，城市总体规划与综合交通规划的编制。空间发展政策与交通体系政策分别作为其规划内容的具体体现，那么二者规划编制对接层次需要进一步清晰化，要实现一体化规划必须使空间规划的层次与交通规划层次相对应。第三，土地使用与交通的相互影响。当制定的空间发展政策和交通体系发展政策落实后，要实现土地使用与交通之间的互动反馈和相互支撑，这样才能实现土地使用与交通一体化规划支持系统。

1）资源与环境约束的问题

（1）土地资源约束

在人均耕地不足的同时，随着工业化、城市化进程中建设用地的不断扩大，农村住房占地不断增加，加上生态退耕和灾害损毁，使耕地资源不断减少。土地资源相对贫乏、耕地不断减少和土地资源质量下降，不仅会使农村土地规模经营受到限制，农业劳动生产率难以提高，给国家粮食安全带来严重隐患，制约农民增收和农村经济社会发展，而且会在"一要吃饭、二要建设"的双重需要下，导致土地供给压力越来越大，影响工业化和城市化进程，成为制约城市经济社会发展和人民生活水平提高的主要因素之一。

（2）水资源的约束

在水资源严重短缺的同时，污水排放量逐年增加。我国属于水资源贫乏的国家，水污染进一步加剧了水资源短缺局面，导致资源型缺水与水质型缺水并存，使之对工农业生产乃至整个经济社会可持续发展的约束越来越明显，成为制约实现我国经济发展第三步战略目标的重要因素。地下水资源超量开采、水位下降和水资源恶化直接影响到地下水资源持续利用和城市化发展进程，成为威胁城市可持续发展的重大环境问题，影响到居民的生产、生活。

（3）矿产资源约束

在我国经济持续快速发展的大背景下，素有"工业粮食"之称的矿产资源供需形势严峻，对经济发展的保障程度逐渐降低，使我国经济社会发展正面临越来越紧张的矿产资源约束问题。

（4）生态环境约束

当经济总量快速增长、有害物质排放成倍增加、环境自净能力难以维系时，生态环境恶化就不可避免。城市烟尘、酸雨、可吸入颗粒物等，经过物理、化学、生物等作用和反应，形成复合型污染，严重污染了土地资源、空气资源和水资源，直接威胁到居民生存环境和身体健康；农村水土流失、地力衰减、草地退化、土地沙化，越来越多的河水变得不适合农业灌溉和生活饮用，直接影响到农产品质量和人们食品安全。这种以城市为中心的环境污染和以农村为中心的生态破坏相互交叉和影响，造成了我国环境问题的复杂性和严重性，导致全国生态系统整体功能下降，抵御各种自然灾害的能力减弱，带来严重的经济损失。

因此，土地使用与交通一体化应该结合规划决策过程从空间供给及方案评价等环节引入基于资源环境约束的指标，从而体现资源环境对土地使用及交通发展模式的影响。

2）规划编制层次衔接的问题

（1）规划体制脱节

城市交通规划在我国受重视较晚，相关的理论基本是沿用国外的，是改革开放以后市场经济的产物。而城市规划的编制体系与方法基本上是由计划经济时期延续过来的，所以体制背景上存在差异。传统的城市规划是以土地使用规划为核心，城市交通与道路系统规划往往作为一种配套性的规划依附于土地使用规划，单纯的土地使用规划难以保证城市交通的合理性而城市交通与道路系统规划又难以理解规划布局的意图，致使土地使用与城市交通组织和道路系统脱节。

（2）规划方法的不完善

城市总体规划从1953年以来先采用苏联的规划方法，而后又借鉴二战以后欧洲国家的一些规划方法，即先论证城市发展性质，估算人口规模；再确定土地使用方式，组织城市土地使用布局，确定道路交通系统及其他主要市政工程系统等；最后形成规划。基本上是一个物质空间环境规划，为一个城市未来的各种活动安排土地使用，是一幅要在规定期限内加以实现的城市物质空间环境状态的蓝图，用以指导城市建设。规划大多没有通过对城市交通量进行预测来进行城市道路网规划，道路宽度的确定也是规划编制人员根据功能分区和各分区之间的联系需要，进行定性分析确定，或结合城市物质空间环境效果进行主观判断。此外，近年来，城市政府热衷于开展快速路、立交桥、城市干道拓宽等工程建设，政绩工程、面子工程的现象十分普遍。道路红线动辄60m以上，红线超百米的城市道路工程也时有涌现，且攀比之风日盛，更不可能根据城市的道路容量进行功能分区及布局。结果城市建成后，道路的交通容量不能满足需要，而且短期内又无法拓宽，成为城市交通的"瓶颈"，城市发展的"绊脚石"。

（3）规划时序的脱节

由于现阶段的技术、政策和体制等各种人为因素的影响，城市规划与城市交通规划大多分开编制。通常的模式是"先城市规划、后城市交通规划"，即在已有的城市交通网络和交通设施的基础上根据城市规模和规划范围制定城市用地布局规划，然后再制定与之相适应的城市交通规划。这样城市交通规划往往因为处于从属和被动的地位，只能分析现状城市交通问题和提出近期或局部的城市交通设施调整改善规划,难以对城市规划目标进行整体、系统和全面的城市交通规划并及时进行比较和信息反馈。随着土地制度的改革和土地市场的开放,城市开发的土地占有相当的比重,城市用地功能置换的速度与频率也明显加快,城市发展中不确定因素增多,城市用地发展面临多重选择,因而城市交通分析在规划方案的优选中起到越来越重要的作用,原有规划模式显然已无法适应新的形势。

随后出现第二种模式,即在城市规划编制之前预先进行城市交通规划的编制。目的除摸清现状城市交通问题的症结之所在,提出近期改进措施外,更侧重于对城市远期和远景发展框架的论证,并规划与之相辅的道路交通设施。这要求城市交通规划必须有高度的综合性和超前性,充分考虑城市规划中土地使用的内容,并在城市交通规划中对不同用地结构做出预测评价,为城市规划的编制提供参考和依据。由于新的城市规划尚未编制,规划设想尚未成熟,给城市交通规划的编制带来了很大难度。

因此,一体化规划决策支持研究应该结合规划决策过程,将城市空间规划的核心内容与同层次交通规划的核心内容衔接清晰。

3)土地使用与交通体系相互支持的问题

城市土地使用是各种人类活动与功能组合在城市地域上的空间投影,反映了城市环境构成因素的空间相互关系。当城市土地使用适应城市社会经济活动时,城市发展将处于积极、上升的态势;当城市土地使用难以承载城市活动时,城市发展将处于抑制、停滞状态。可见土地使用是否合理,对城市经济发展有着显著的促进或制约作用。一个城市用地布局的形成、演进要受到社会、自然、经济、文化、人口、政策、技术等诸多因素的影响,其中城市交通作为沟通城市内部各功能分区之间、区域城市之间人流、物流和信息流的载体,其对城市发展和城市土地使用的演变所起的作用日益显著。通过对二者发展历程以及对国外典型城市的研究表明,城市交通与城市土地使用的发展往往是不同步的,二者不协调的关系成为制约各自健康发展的瓶颈,同时也限制了城市的可持续发展。主要表现在以下几个方面:

(1)交通需求与交通供给的矛盾

高密度集中开发的城市必然会产生高强度的交通需求,由于围绕中心区的用地扩张极其均匀,造成了以旧城为中心,向四面八方几乎完全一致的出行方向系数,交通流高度集中,径向客流量极大。要满足城市的交通需求客观上需要一个复合型、立体化和高路网容量的城市交通系统与之适应,然而城市道路交通现状却与城市高密度集中开发不相协调,主要表现在以下两方面。

①中心区交通路网存在结构性失衡问题,道路使用功能不明确,支路系统利用不足。当前,交通设施供给总量不再是城市交通拥堵的主要根源,而更大程度上源于设施供应的结构性失衡、供给对需求的低效益引导以及需求调控的缺失。城市道路网密度低,快

速路、主干路、次干路和支路之间比例失衡。交通性干道两侧进行高密度的居住和商业性开发，直接影响了道路功能的发挥，也对两侧用地商业经营所必需的有机联系造成障碍。同时，次干路通行能力受各种情况干扰，效率低下，未能达到疏散局部交通的效果，使主干路在承担长距离交通出行的同时还要为局部地区提供交通服务，增加了主干路的交通压力。支路系统由于系统性不强、通过条件差、非法占道现象严重等因素导致利用率不高，没有在交通系统中发挥应有的作用。

②城市道路尚未形成系统，环路加放射的网络结构使道路密度呈现中心区高、外围低的分布。中心区三种不同格局的路网硬性衔接在一起，缺少适当过渡。环路之间的联络路建设滞后，不能有效疏导环路的交通流，形成若干拥挤结点，直接影响了"环放结构"的功能发挥。这与高密度开发城市的高强度交通需求不相符合，造成了高强度交通需求与道路交通网络低水平交通供应的严重供需不平衡，必然会带来严重的城市交通及土地使用问题。

（2）城市土地使用缺乏公共交通的支撑

个体交通方式面向个人，运量小，占用大量用地，且容易导致城市蔓延，适合于低密度分散开发城市，而与之相对应的土地使用则是高强度开发，以高人口密度、高建筑密度和高土地使用强度为典型特征，产生集中型高强度交通需求，必然要求大运量、快速的公共交通模式与之适应。但是，在我国中等城市中个体交通方式十分发达，公共交通出行比重大大低于个体交通出行比重，城市尚无轨道交通客运系统，现状公交枢纽严重不足，公共交通系统不能发挥其应有的作用；公交速度慢，与自行车相比并无太大优势，加之线路绕行、换乘不便、准点率差、拥挤和服务质量差等因素的影响，使得公共交通在城市的整个运输系统中缺乏竞争力，无法分担自行车和步行交通的出行比例，也无法与快速发展的小汽车交通抗衡，对居民出行方式的选择缺乏吸引力。

（3）交通对城市空间开发没有起到引导和支撑作用

规划的交通基础设施建设没有对城市空间的发展起到支撑作用，甚至在一定程度上阻碍了城市的健康发展。例如，中等城市的城市规划中，城市空间发展模式是紧凑型城市，但是根据其交通规划的要求却是大肆修建城市外围的环路，这样不但没有对紧凑型的城市土地使用起到支撑和引导作用，反而促进了城市的低密度扩张和迅速向外蔓延，从而导致更为严重的城市和交通问题。

3.1.2 研究方法分析

为了达到研究目的的要求，本书采用土地使用与交通一体化规划决策支持的方法，必须明确以下五点内容：

1) 一体化规划模型是基于规则的而非模拟

传统的一体化模型一直不被规划实践所接受的主要原因，是由于大部分研究学者尝试研究和发明一种基于市场经济原理的能完全模拟城市运行的模型,土地使用与交通之间的关系很复杂,两者受外界环境的影响更加复杂,因此,目前的认知程度及技术水平还远远不能实现一体化的真实模拟。而且对于我国的规划编制影响最大的是城市发展政策,而非单一的市场经济规律,因此,符合我国特色的土地使用与交通一体化规划决策支持系统必然是基于规则的模型,而非基于市场经济规律的模拟。

2)一体化模型是基于 GIS 的可视化模型

一体化规划模型是为规划决策提供技术支持,决策者往往需要综合规划及交通以外的其他因素,这些决策者对于土地使用及交通并没有专业的认知基础,因此,基于 GIS 的可视化模型是决策支持最有效的工具。

3)具备情景生成功能,应对城市未来发展的不确定性

城市规划及交通规划均是针对未来十年或二十年的发展计划,因此,在编制规划中不能完全基于对现状规律的认识采用线性外推的方式预测未来的发展,还需要考虑未来城市发展的不确定性,而影响这些不确定性的关键因素是可以分析得到的,一体化规划决策支持系统需要结合这些关键因素构建未来发展的情景,从而利用历史规律外推及未来情景逆推两个方法预测未来的不确定性,最终有效准确地制定土地使用规划和交通规划。

4)在城市总体规划层面实现城市土地使用与交通的互动

土地使用与交通一体化规划决策支持主要是为城市总体规划层面空间布局提供决策支持,对应的综合交通规划的内容是交通发展战略,也属于总体层面的内容。因此,土地使用与交通一体化规划是要在城市总体规划层面实现城市土地使用与交通的互动。

5)构建资源与环境约束的指标体系

土地使用与交通一体化规划决策支持最重要的内容是通过土地使用与交通的协调发展来减少土地资源消耗与交通能耗,如何实现节约资源和评价能耗均需要考察标准。因此,在土地使用与交通一体化规划中需要形成基于资源与环境约束的指标体系。

3.2 基于一体化规划决策支持的政策分析过程

3.2.1 基于空间规划的政策决策过程

本书所探索的是资源与环境约束下中国中等城市土地使用与交通体系发展政策,总体思路是以问题为导向,通过政策的手段,为协调资源环境约束与经济发展之间的矛盾以及土地使用与交通体系的矛盾,使得经济结构、空间结构以及交通发展体系相辅相成,以达到最高效的空间组合效率。

《城市规划编制办法(2005 年)》第十二条规定,城市人民政府提出编制城市总体规划前,应当对现行城市总体规划以及各专项规划的实施情况进行总结,对基础设施的支撑能力和建设条件做出评价;针对存在问题和出现的新情况,从土地、水、能源和环境等

城市长期的发展保障出发，依据全国城镇体系规划和省域城镇体系规划，着眼区域统筹和城乡统筹，对城市的定位、发展目标、城市功能和空间布局等战略问题进行前瞻性研究，作为城市总体规划编制的工作基础。

图 3-1 是城市总体规划层面空间布局方案的流程图。先计算可建设的用地和需求，然后根据未来可能的发展政策将需求落实到空间上，形成不同的方案，最后对这些方案进行评价，并在此基础上推荐一个最适宜的空间布局。

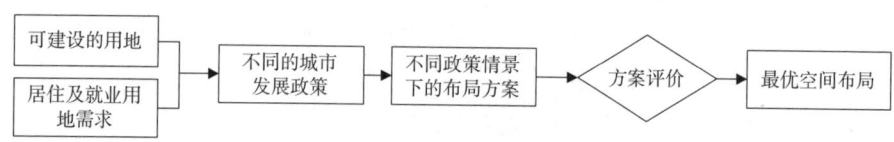

图 3-1　空间规划决策流程图

3.2.2　基于交通规划的政策决策过程

本书是以土地使用与交通一体化规划为研究核心的，因此，对应城市总体规划层面土地使用问题的交通规划编制是城市的交通发展战略。

《城市综合交通体系规划编制导则（2010年）》在对应城市总体规划层面，提出交通发展战略应根据城市社会经济发展和城市发展目标，优化选择交通发展模式，确定交通发展与市域城镇布局、城市土地使用的关系，制定综合交通体系发展目标、分区发展目标、交通方式结构，提出交通发展政策和策略。

图 3-2 是城市交通规划中交通发展战略方案的流程图。先根据土地使用方案得到路网以及交通需求，然后根据不同的交通发展政策将出行需求落实到路网上，形成不同的战略方案，最好对这些方案进行评价，并在此基础上推荐一个最适宜的交通发展模式。

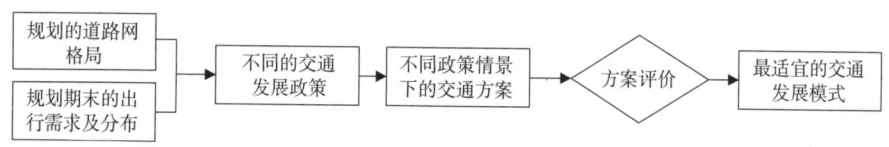

图 3-2　交通规划决策流程图

3.2.3　基于一体化规划的政策决策过程

土地使用与交通一体化规划的政策决策过程可以分两块内容，一方面是交通对土地使用优化的影响，不同的土地使用模式带来不同的交通量，而过多的交通量又制约了交通出行，使得土地使用与交通不断优化最终达到均衡状态；另一方面是不同政策下交通发展模式是否有效支撑城市用地布局，比如大部分多中心的城市采取公共交通为骨干的交通发展模式，以实现不同组团之间的快速联系从而支撑了多中心的建设。

图 3-3 是土地使用与交通一体化规划的流程图。首先，根据空间发展政策得到不同的用地布局方案，通过评价基于交通小区的可达性是否均衡来实现交通对土地使用的回馈，如果达到均衡状态则生成最优空间布局，随后规划师根据最优空间布局深化用地方案。其次，根据深化后的用地方案进入交通规划决策环节，得到不同交通发展模式下的基于路网的可达性评价，如果道路网饱和了，则需要调整周边用地来优化可达性，如果道路网没有特别饱和，则得到该种土地使用方案下最适宜的交通发展模式。

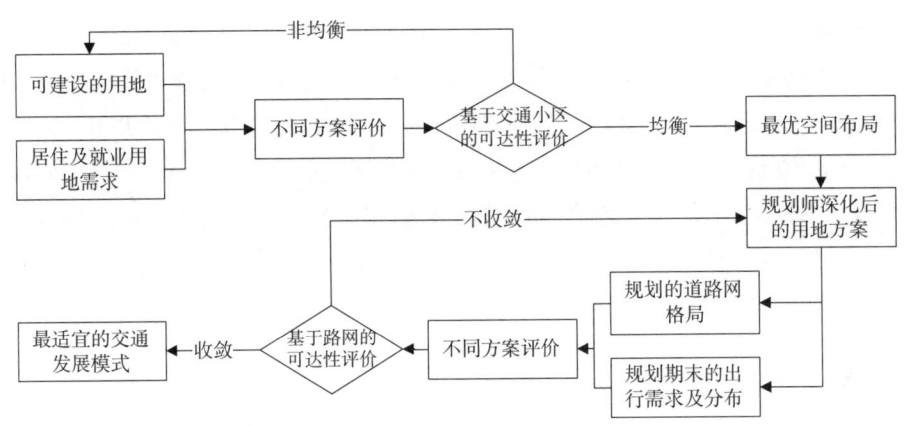

图 3-3　土地使用与交通一体化规划决策流程图

3.3　一体化规划决策支持的技术框架

首先，与传统一体化模型相比，城市土地使用与交通一体化规划强调对规划决策过程的模拟而非对城市运行的模拟，因此，技术框架最核心的内容必须要以规划决策支持为主体，这也是我们引入情景规划思想的根本出发点。第二，跟传统一体化模型一样，重点是土地使用与交通的整合，核心问题集中在如何实现交通对土地使用的动态反馈，为此我们提出从空间规划决策与交通规划决策两个阶段分别实现动态反馈，从而梳理清楚城市规划与交通规划衔接的层次。第三，根据不同情景得到不同的空间方案与交通方案，然后对各方案进行评价，并将可视化的定量分析结果提供给决策者，进而选出最优或者最适宜的方案，而方案评价的指标体系作为规划决策的依据，必须要体现不同价值主体的意见和倾向性，因此，基于多目标评价的指标体系也是一体化规划核心内容之一。

3.3.1　基于情景规划思想的规划决策支持方法

随着我国城市化的进程加速，城市发展往往既面临外部空间拓展又面临内部功能更新，而城市未来发展存在着极大的不确定性，面对瞬息万变的环境，传统城市规划难以对城市的未来情景做出良好构想且缺乏灵活性，规划目标与实际发展相背离的问题凸显。因此需要发展出一套新的方法，以适应在非确定性条件下构想未来的可能情景，城市规划中的情景规划就是在这样的背景下应运而生的。情景规划试图通过改变心理模式的方式，来帮助规划人员重新思考他们习以为常的观点思维，即从历史趋势外推法转变为未来情景逆推法。

情景规划的根本前提是要回答：当某种情况发生的时候，我们该怎么办？例如，当某一地区的发展趋势发生变化时怎么办？某些政策发生变化时怎么办？首先，我们要提出这些问题，然后构建出相应的情景规划方案，考虑我们该如何面对这些挑战。因此，我们可以借用情景规划思想来选择与优化不同政策下城市土地使用及交通发展模式。

影响空间规划布局最大的不确定性是城市发展政策的制定与实施，因此，本书根据这一关键驱动因素构建未来的多种可能情景，即政策不干预、集聚发展政策以及疏解发展政策。

与之对应的是综合交通体系规划的交通发展战略，但影响其变化的并不是未来的不确定性，而是在确定的土地使用模式下采取什么交通发展模式更合适。因此，同样是借用情景规划思想，但不是解决交通发展的不确定性，而是解决可能的交通发展模式的比较，即以公共交通为主导的交通发展模式、以小汽车为主导的交通发展模式以及以慢行交通为主导的交通发展模式。

3.3.2 基于战略层面衔接的两步走

1）空间规划决策

规划人员在面对城市土地使用及交通发展等一系列问题时，一般针对用地及经济社会进行空间供需的基本分析，主要是确定人口规模及用地规模，并将这些需要落实到空间上，形成基本的空间布局，然后针对土地使用及交通体系的支撑进行分析判断和规划建设。

2）交通规划决策

交通规划决策最核心的内容是要确定综合交通体系规划交通发展战略，从交通需求、交通供给平衡的角度，立足于土地使用与交通协调发展，进而实现交通供需平衡。交通规划决策支持则需要解决以下两方面内容：首先，如何从交通结构的角度，选择有利于支撑目标城市土地使用的交通发展模式；其次，如何从城市规划的角度，利用交通评价的结果来优化土地使用。

综合交通规划仍是建立在四步骤模型预测的基础上，即通过出行生成、出行分布、方式划分以及交通分配预测未来年的交通需求。出行生成以及出行分布主要是跟土地使用相关，方式划分与交通发展模式相关，而交通发展模式与城市的土地使用也息息相关，交通出行需求分配反过来也会对城市空间布局及土地使用产生一定影响。

3.3.3 基于多目标评价的方案评价体系

1）多目标评价方法简介

目标决策是目前科学决策中常见的问题，以单目标决策为主，通常是根据决策者的决策目标按照相应指标进行等级的排序,由于单目标决策信息量有限,无法全面进行决策,甚至有时会给决策者带来不必要的困难或错误决策,多数情况下多目标决策评价较全面,具体表现为:

(1) 加强了决策者在决策过程中的作用;

(2) 可以得到范围更为广泛的备选决策方案;

(3) 决案问题的模型和分析者对问题的直觉将更加现实。

多目标决策问题,一般包括多目标决策和多属性决策问题,是一门应用非常广泛的学科,近二十年来,不论是在工程设计上,还是在管理、规划方面都得到了越来越多的应用。多目标决策问题有两个共同的特点,即各目标的不可公度性和相互之间的矛盾性。所谓目标的不可公度性指各目标之间没有统一的量纲,因此难以相互比较。目标之间的矛盾性是指:如果改进某一目标的值,可能会使另一个或一些目标变差。多目标决策问题不存在所谓的"最优"解,只存在满意解。满意解指决策者对于所有相关目标值都认为满意。

从工程技术学科衍生出来的城市规划,其目标的单一性与研究对象的系统性,理性分析的独立性与决策研究的综合性的统一,正在引导城市规划技术方法从单一走向系统。在全球化和区域发展的背景下,既要研究城市与区域的关系,也要研究区域内城市之间的互动与网络关系,更要研究城市空间系统与社会、经济、文化和生态环境等其他子系统间的关系。规划决策过程中,在对单一要素系统地进行理性分析的同时,应更注重对多要素系统的综合研究以保证规划决策的科学性。今后二十年,将多目标评价成功应用于规划实践中,将有效增加城市规划的合理性和科学性。

2) 多目标决策的核心原理

多目标评价(Multiple Criteria Evaluation,MCE)出现于20世纪70年代,源于一个新古典环境经济学评判,被看作是一种可以很好支持公共决策过程的方法。当时许多研究人员,尤其是一些区域经济规划和决策研究领域工作者,需要在决策和选址过程中识别多个不利因素,而传统的方法很难处理多个限制因素的冲突问题。Jankowski(1995年)定义MCE为多因素评价,或者称之为多因素分析:它通过运用参与评价的标准(criteria)及其权重(criterion priorities)来辅助决策者从大量可选方案中选取最合适的一个。"MCE的重要特点在于它的简便性(相对于其他决策支持方法,以及当选择的可能性可以度量和数据呈现定量或定性的特点时),它具有驾驭这些不连续的决策场景的能力。定量值可以描述该数据在研究中所占有的重要性程度,而数据的定性描述可以用来反映环境、社会和经济的重要性"(Pettit,1999)。

从技术手段上来看,MCE方法是实现收敛型思维模式的具体方法,透过多重标准发现决策的根本,可以看作是知识发现的一种实现手段。现已被广泛地用于复杂的多因素分析规划决策过程中。对于与空间环境相关的规划、评价分析时,往往需要跟GIS结合,但仅仅用 GIS 的叠加分析很难完成多于 4、5 个因子的分析，因此，很多研究人员将多标准评价技术引入 GIS 框架中，用于解决多个空间因子的位置冲突。GIS 和 MCE 具有各自互补的特点，易走向集成化，形成所谓的 MCE-GIS 模式。MCE-GIS 的基本方法是利用 GIS 平台，用一个评价矩阵（Effect Matrix）去解决一个实际问题（目标）；矩阵的建立要求其所包含的要素能够反映决策的特点，而这些特点是由一系列标准描述的。

3）MCE-GIS 的评价过程

进行 MCE-GIS 评价，包含 3 个方面：一个是空间因子选取与标准化处理；另一个就是构建 MCE 评判矩阵以及确定分级指标；最后一个就是将 MCE 分级体系导入到 GIS 框架中完成处理。在 MCE-GIS 中，第一个阶段是产生权重，它的给出是基于规划过程中要实现目标的相对重要程度。城市发展的优势与限制性条件在 MCE 中作为评价的因素，它通过打分后与权重共同组成评价矩阵，将分析过程中的图形数据与属性数据联系起来。MCE-GIS 的最后一个阶段是通过权重线性相加的方法来完成，得到综合的评价结果。在 MCE-GIS 过程中，衡量标准（Criteria）的方法是多样的，一般使用三标度、五标度或九标度。以五标度（Five-Point Scale）为例，打分呈现五个数值（1.非常不重要；2.不重要；3.重要；4.比较重要；5.很重要）（图 3-4）。

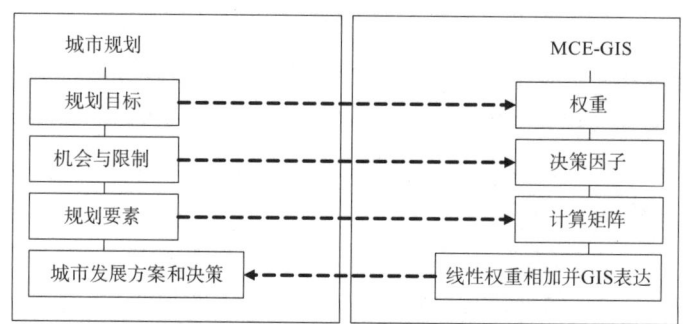

图 3-4　城市规划与 MCE-GIS 的关系示意图

多目标评价有两种常用的实施方法：一种是将所有评价因子按一定准则转化为适合决策分析的布尔语句，用布尔语句对因子的适用程度进行约束，并通过相交运算（逻辑或）与联合运算（逻辑与）对约束因素进行组合，实现决策过程；另一种方法是将评价因子的属性看作是连续变量，按照一定规则将其转化为特定数字区间（其实现过程被称作因子的标准化过程），通过对标准化的因子按一定权重进行线性组合，获取决策目标值。GIS 结合 MCE 技术是指在所选区域的多种属性基础上，按照一个特定目标利用 GIS 空间分析方法整合与地理位置相关的多源信息对资源进行匹配的过程，主要包含以下几项内容（图 3-5）：

（1）确定决策目的：确定评价分析所要达到的目的；

（2）选择准则：确定影响决策的因素，是判断的标准，也是评价分析的依据；

（3）确定准则权重：确定每个准则的相对重要程度；

（4）划分评价单元：对选定区域进行空间划分，形成评价分析的最小单位；

（5）计算因素单元分值：利用 GIS 技术实现因素指标值的空间化、数值化离散分布；

（6）计算评价单元综合分值：依据多准则进行综合分析，利用数字叠和技术计算评价单元获得的综合分值；

（7）依据单元综合分值进行单元分类，形成评价结果。

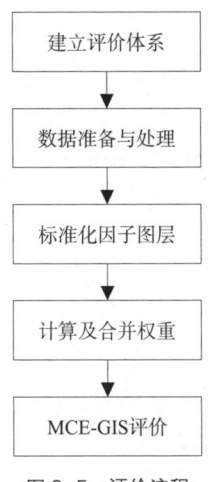

图 3-5　评价流程

3.3.4　土地使用与交通一体化规划技术框架

技术框架主要分两步走，第一步为空间规划决策支持环节，对应城市总体规划编制内容；第二步为交通规划决策支持环节，对应城市综合交通体系规划编制内容。从形式上跟传统的规划编制模式先空间规划后交通规划几乎没有区别，但本质上与之前的规划编制有显著区别，虽然分别为空间规划与交通规划，但每一步均涉及土地使用与交通的互动，第一步是利用基于交通小区的广义可达性优化实现交通对土地使用的回馈，而第二步是利用交通评价及狭义可达性实现交通对土地使用的回馈（图 3-6）。

空间规划决策支持主要有空间供给、空间需求、不同政策情景的用地分配以及方案评价 4 个环节，在这 4 个基础环节之外考虑将可达性作为交通影响回馈用地的关键性指标，影响空间的供给评价，交通影响是基于交通小区的。

交通规划决策支持基于最优空间布局，主要有交通供给、交通需求、不同交通政策情景的交通分配以及交通影响评价 4 个环节，其中每个情景方案都要通过交通小区的可达性进行土地使用调整，最后根据交通影响评价的结果选择最优空间布局，这部分的交通可达性和交通影响评价都是在交通网络的基础上。

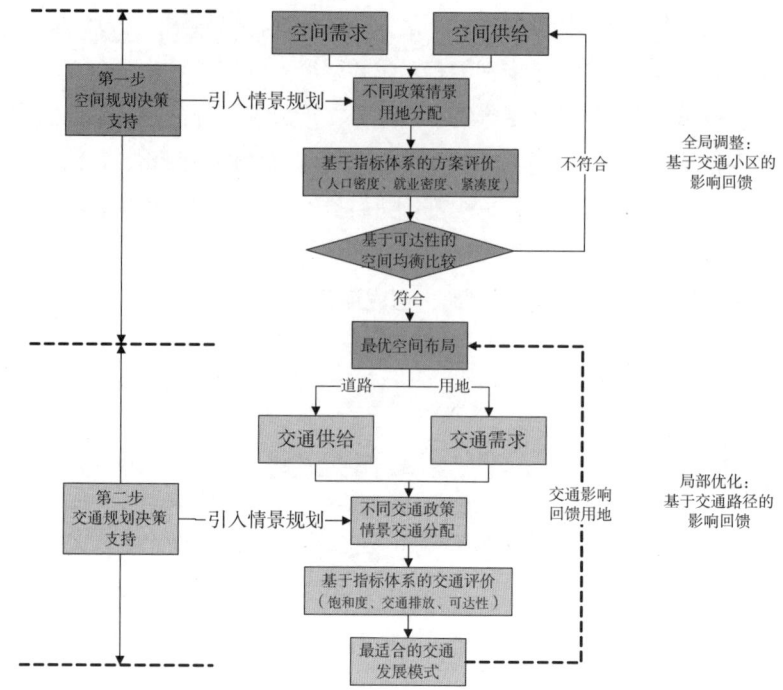

图 3-6　城市土地使用与交通一体化规划决策支持系统框架

3.4　一体化规划的模型功能分析

通过土地使用模型和交通模型实现交通对城市用地布局的回馈，从而实现土地使用规划与交通规划的一体化研究。本小节通过对土地使用模型和交通模型的介绍，以及如何实现两个模型的功能衔接，实现在技术上的一体化规划功能。

3.4.1　空间规划模型与交通模型的介绍

1）空间规划模型

第一阶段中主要是使用 Uplan 软件来实现土地使用分配的阶段，因此主要是分析了适宜性评价因子对空间分配的影响以及在 Uplan 中的实现方式。

在 Uplan 中，在根据预测年人口增长情况计算各类用地的需求以及总规中控制的可建设用地情况，然后将研究区域的评价因子分为鼓励开发因素（attracters）、限制开发因素（discouragers）、禁止开发因素（masks）3 类，并通过每个元素的评价值来确定某地块对土地使用类型的吸引力，最后进行空间分配（图 3-7）。

2）交通规划模型

第二阶段中主要使用城市交通模型系统（UTMS）中的四步骤模型，其具体过程及功能如图 3-8 所示。四步骤模型是基于现状的交通状况和社会经济数据对未来交通状况进行

第3章 城市土地使用与交通体系发展政策研究方法

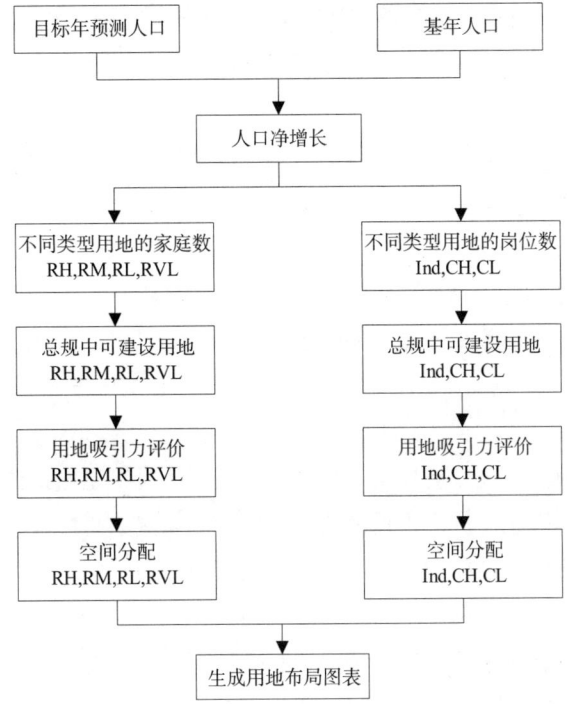

图 3-7 Uplan 模型功能流程图

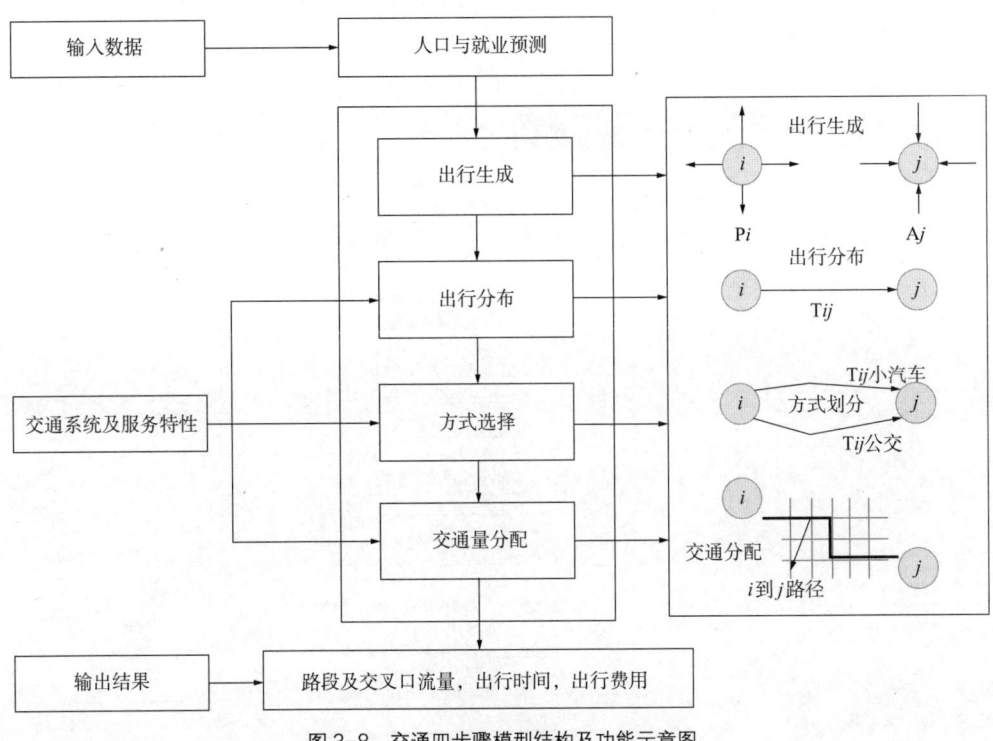

图 3-8 交通四步骤模型结构及功能示意图

预测。结合预测的结果进行未来年的交通设施及管理规划（图3-8）。

（1）出行产生——是预测每个交通小区的产生或者吸引出行量的过程，即研究的小区内"发生"的出行量。

（2）出行分布——是预测OD流量的过程，即将出行产生模型预测的出行端点的流量连接起来，以出行交通或出行流量的形式表达。

（3）方式选择——是预测各种出行工具（小汽车、公交车、步行等）所占每对OD出行总流量的比例。

（4）交通分配——是将各交通工具所分配到的OD流量分配到相应路网的各路段上。

3.4.2 基于一体化的模型功能整合分析

交通可达性作为交通规划对城市土地使用的反馈条件，是土地使用模型和交通模型实现功能整合的关键因素，城市土地使用的不同空间布局，既影响各交通小区的出行产生和吸引量，也影响道路设施的空间结构。而城市内交通小区的出行产生和吸引量将会进一步影响交通分布，并且基于不同交通发展模式得到交通出行量，分配到道路网上的结果不同，也就会造成城市的交通服务水平和交通可达性的差异，从而对城市的空间布局和土地使用产生作用，如图3-9所示。

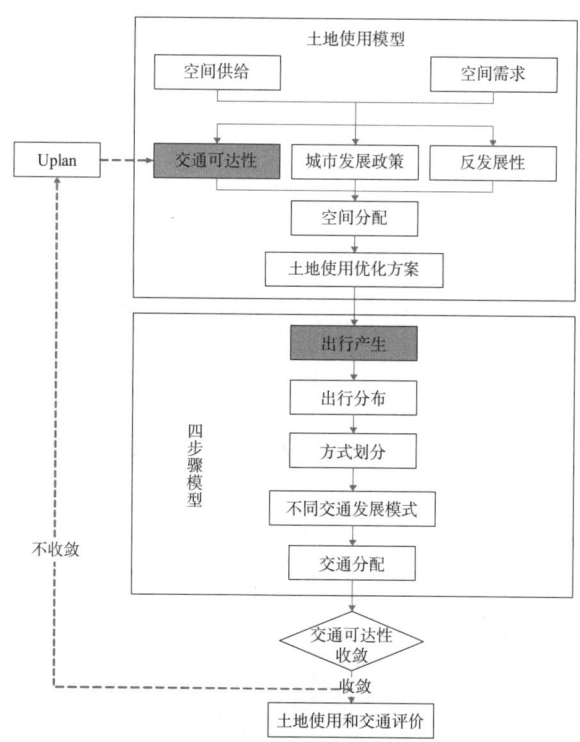

图3-9 土地使用模型和交通模型整合示意图

土地使用模型和交通模型的整合目的是实现交通对土地使用的反馈，而且这种反馈是动态的，其中循环的过程与各模型之间模块的联系如图3-10所示。

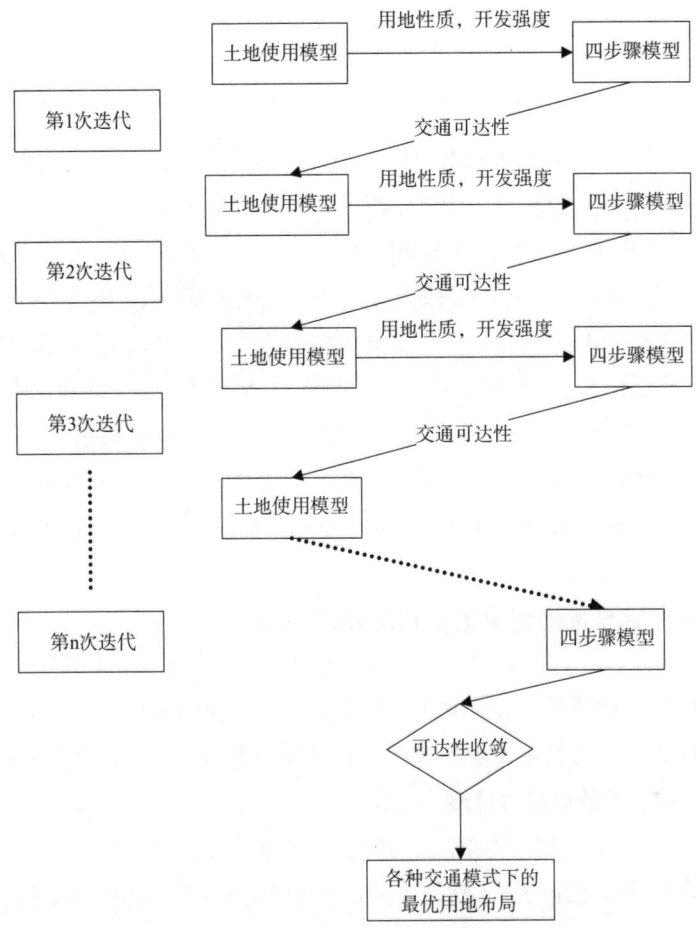

图3-10 土地模型与交通模型循环反馈示意图

第4章 城市空间发展政策的规划决策支持研究

2015年9月28日,由中国社会科学院城市发展与环境研究所和社会科学文献出版社联合发布的《城市蓝皮书:中国城市发展报告No.8》指出,"十二五"期间,中国的城镇化率实现了两大重要突破:2010~2011年中国城镇化率达到并开始超过50%,中国整体进入城市型社会阶段;2012年中国城镇化率达到52.6%,超过世界总体水平(52.5%),并以高于世界平均水平的速度(年均0.5个百分点)快速推进。然后,随着城镇化的快速推进,部分城市过度或超载扩张、资源紧缺、环境污染、交通拥堵等城市病和亚健康现象普遍存在。中国城市在规划管理、经济增长方式、空间布局、科技创新、社会矛盾、安全管理、环境污染等方面依然问题突出、有待改善。传统的城市发展模式造成资源、能源的短缺,给城市生态环境带来了持久的压力。如果继续粗放式的空间发展模式,我国的资源和环境承载能力将不能支持未来经济的发展,也不可能有效地解决我国面临的众多资源短缺及环境恶化问题。

4.1 空间发展政策规划决策支持的技术框架

由于我国物质基础薄弱、人口众多、资源匮乏,在快速城市化过程中仍面临着较大的资源与环境压力,中等城市发展不充分,集聚能力不强,基础设施严重不足,对城市空间扩展和人口增长的约束日益显现。

许多学者认为,影响城市空间增长的因素主要包括社会经济和自然地理两大类,前者的影响表现为对城市空间的需求驱动,其要素为经济发展和人口增长;后者表现为对城市空间供给的约束,其要素为道路交通网络和土地资源。

4.1.1 一体化规划决策支持的核心问题

1) 资源与环境约束对空间供给的影响

(1) 经济发展对城市空间的影响

城市归根到底是经济发展的产物,经济发展是城市形成和变化的决定因素,经济发展速度的周期性决定了城市空间扩展速度的周期性。

(2) 人口增长对城市空间的影响

在人口、资源、环境与经济发展的关系之中,人口始终是这复杂关系中的主导因素,马尔萨斯(Malthus)是第一个重视环境对人口规模影响的学者,他1798年首次阐述了食物对人口增长的最终约束作用。之后,许多学者对资源环境承载力的概念及其量化进行了很多研究。1973年，澳大利亚学者采用了多目标决策方法，研究土地资源、水资源和气候资源等多种资源对人口的限制以及能源限制。

（3）土地资源对城市空间的约束

土地资源的空间分布决定了城市发展的空间形态，其主要从两方面对城市空间布局产生影响，一方面是可建设用地决定了城市增长边界，另一方面是土地资源的特征对城市空间增长的结构布局也产生较大影响。

总之，土地资源供给的空间区位及量化均会对城市空间产生约束，另一方面通过城市空间的优化，可有效提升土地资源的优化配置及效率。

2）资源与环境约束对空间需求的影响

（1）对城市空间增长边界的约束

一般来说，地形复杂、地质承载力低或者洪水淹没区等范围内的土地，基本上属于不可建设用地，不可建设用地即为城市空间增长的约束边界，对于山地城市或者水网城市，土地资源对城市增长的约束更加明显。

（2）对城市空间增长的结构布局的影响

可建设用地的空间分布是城市空间拓展方向选择的重要因素之一，目前许多城市受限于可建设用地的约束，城市发展轴线或者交通设施建设均依托可建设用地，因此呈带状发展或组团式发展。

基础设施的建设是地方政府实现城市空间资源配置的重要手段，其建设和选址对于城市拓展方向有着重要的意义。以漯河市为例，一方面城市重大基础设施带动了其周边区域增长，但也可能给城市发展带来约束和限制，例如京广铁路对于老城区的带动作用非常显著，但对于城市东西分割也是比较明显的。另一方面在城市急需发展的区域缺乏基础设施配套，将造成地区发展滞缓，例如重大基础设施均布置于老城。本研究区域中的沙北片区生态环境较好且比较宜居，但由于公共设施配套不足，集聚人口的吸引力不够，制约了城市发展的速度和质量。

4.1.2 空间发展思路

本章以漯河市为研究对象，以空间供需平衡作为核心切入点，一方面从空间发展的地理基础、历史演变规律分析空间供给的总量和质量；另一方面从人口规模预测及人口密度、就业密度分析空间需求的总量及类型；最终依托情景规划软件工具平台，实现空间需求及空间供给的平衡，其中供需平衡的主导原则是以城市不同发展规模预测为基础，结合对城市发展阶段、发展模式的判断综合确定不同空间发展政策情景下的空间分配顺序。

4.1.3 基于情景规划思想的规划决策支持框架

基于情景规划思想的规划决策支持框架主要包括4个模块：空间供给分析、空间需求分析、空间分配以及方案评价。

空间供给模块用于评价不同类型建设用地的适宜性。按照不同用途的建设用地类型，分别对每一个基本用地分析单元进行适宜性评价。

空间需求模块用于外部输入城市发展的不同空间需求，一方面需要输入若干年的就业需求的历史数据，另外一方面需要输入规划期内各阶段的就业需求数据。

空间分配模块是将不同类型土地用途的需求，按照供给分析中得到的适宜性评价的结果，分配到整个规划区的空间布局上。通过将政策落实到用地布局中，来反映规划涉及的各种利益、各种价值观和其他外部条件对用地布局的影响，即用政策来干预土地使用。

方案评价及政策输出主要是针对不同政策情景下用地布局的评价，是一种基于多目标的决策支持方式，反映不同利益、不同价值观下的空间发展思路（图4-1）。

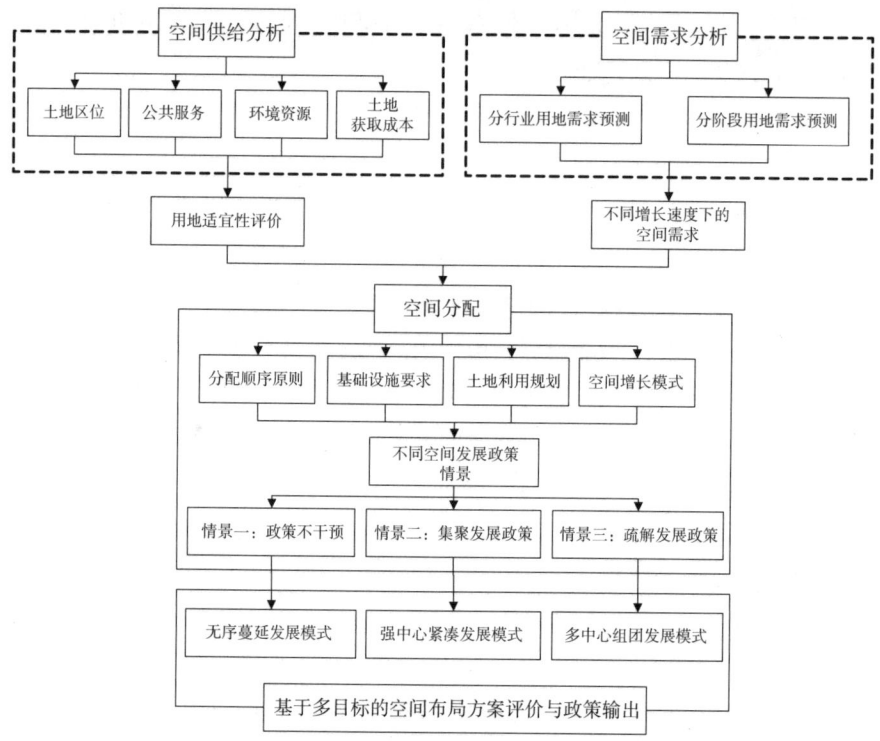

图4-1 基于情景规划思想的规划支持框架

基于供需平衡的空间分析框架，是以空间供给、空间需求这一对市场经济下的基本矛盾为切入点，通过分层次分析城市各个阶段的主要需求和相应的空间供给能力，并以现实发展基础为落脚点，依据不同阶段的供需对应关系制定相应的发展战略。

用地分配的目的是将预测建设用地增长需求分配到合适的用地单元上。合适的用地分配技术一直是土地使用规划模型中的难点。在已有的各种土地使用规划模型中，是否进行建设用地分类，相应的用地分配技术的难度有显著不同。在分配中涉及多种土地用途的选择，不同用途对应的评价因素也会不同，由此就会带来适合不同用途的用地适宜性评价结果。由于一个地块只能有一种用途，每一用地单元的最终用途要在不同用途之间选择。这样的用地分配就需要采用特定的算法。

在供需平衡这一基本原则下如何实现空间分配需要，可以借用情景规划软件 Uplan 或 What if? 的用地分配模块，主要是从各类用地的分配时序、土地使用规划的控制、基础设施配套建设的时序及空间增长模式 4 个方面来考察空间分配。

1）各类用地的分配时序

本部分内容主要是就土地的自然属性和区位属性对于不同种类用地均符合时，优先考虑适合某类用地。

2）土地使用规划的控制

本部分内容主要针对土地使用规划的目标确定各地块的土地开发要求。

3）基础设施配套建设的时序

本部分内容主要是针对规划各阶段，根据基础设施配套建设的时序确定各阶段空间开发的时序。

4）空间增长模式

本部分内容主要是针对新增空间需求增长方式的不同，分别是以城市核心为主的同心圆空间增长模式以及以交通主干道为依托的轴向空间增长模式。

4.2 空间供给评价

空间供给分析不应就城市论城市，而应从更宽广的区域范围对未来可能的发展空间进行分析和比较。从分析的层次看，主要侧重于对供给的规模、供给的质量和适宜发展方向进行分析，以保障生态安全为前提，测算可建设用地存量空间。

土地适宜性评价是城市进行总体布局的基本前提，主要是针对城市发展现有及未来有可能涉及的用地范围，一般涉及地形高程、工程地质、水文地质、洪水水位、植被保护、农田保护和地下文物等资料，空间发展适宜性主要是从土地区位、公共服务设施、环境资源和土地获取成本 4 个方面进行评价，其中土地区位中的交通小区的可达性指标作为交通对土地使用的回馈指标（图 4-2）。

1）土地区位

土地的区位条件决定了空间拓展的可行性，主要可从两个方面解释：一方面，从空间拓展的角度来说，土地区位条件好的地块优先进行开发建设；另外一个方面，从城市更新的角度，根据阿隆索土地竞租曲线，从土地开发价值优先开发的顺序依次是零售、办公、居住、工业，因此土地的区位条件决定了土地是否先期开发或更新。

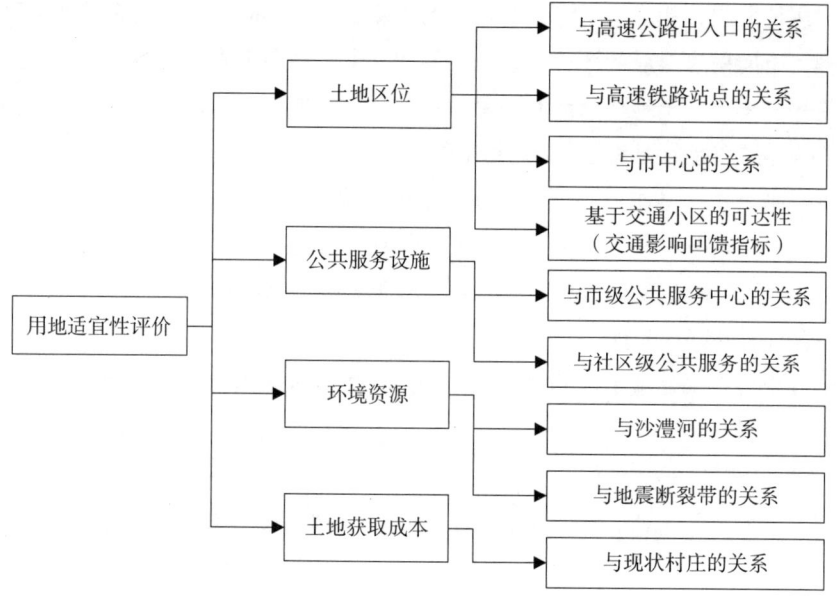

图 4-2 用地适宜性评价体系

（1）与高速公路出入口的关系；

（2）与高速铁路的关系；

（3）与市中心的关系；

（4）基于交通小区的可达性评价。

2）公共服务设施

完善的公共服务设施对土地开发价值有很大的提升，在考虑土地开发的强度及时序时应该评价各区域土地。

（1）与市级公共服务中心的关系；

（2）与社区级公共服务设施的关系。

3）环境资源

漯河市以沙澧河为城市名片之一，尤其是沿河景观开发对城市整体空间价值提升非常明显，因此，越靠近沙澧河土地的价值越高。

（1）与沙澧河的距离；

（2）与地震断裂带的关系。

4）土地获取成本

城市土地开发除了考虑交通区位、公共设施及环境资源的积极因素之外，还需要考虑拆迁成本等不利因素，城市的发展包括空间外延拓展与内部更新并存，外延拓展涉及的拆迁村庄及旧区更新涉及的城中村是考虑土地开发的可行性条件之一。

以下是根据上面评价指标形成的指标体系，包括9个因子在内的评价标准（表4-1）。

评价体系　　　　　　　　　　　　　　　　　　　　　表4-1

评价因子	评价阈值	评价值	评价因子	评价标准	评价值
与高速公路出入口的关系	500m 以内	90	与高铁站的关系	1000m 以内	90
	500~1000m	70		1000~2000m	70
	1000~1500m	50		2000~3000m	50
	1500~2000m	30		大于3000m	10
	大于2000m	10	与水域的关系	400 m 以内	90
高程	62m 以下	10		400~800m	70
	62~64m	30		800~1200m	50
	64~66m	50		1200~1600m	30
	66~68m	70		大于1600m	10
	68m 以上	90	村庄用地占比	大于90%	90
与现状道路的关系	快速路500m内	90		75%~90%	70
	主干道500m内	70		50%~75%	50
	次干道500m内	50		50%以下	30
	支路500m内	30		0	10
	其他	10	与地震断裂带关系	4000m 以内	90
与基础设施的关系	现状建成区内	90		4000~10000m	50
	2000m 以内	70		10000m 以外	10
	2000~4000m	50	与滞洪区的关系	滞洪区内	0
	4000~6000m	30		滞洪区外	90
	6000m 以外	10			

4.2.1 紧凑发展政策下的用地适宜性评价

紧凑发展即主要考虑在现有建成区基础上进行发展，包括拆迁成本的影响均弱化考虑，确保新增建设用地比较紧凑。可以利用层次分析法得到紧凑发展模式下各因子的权重，从而得到各类用地的适宜性评价结果（表4-2，表4-3）。

紧凑发展政策下各评价因子权重　　　　　　　　　　　表4-2

评价指标		权重		
图层	名称	居住	商业	产业
MC_elevation	高程	25	25	25
MC_equake	地震断裂带	25	25	25
MC_exroad	现状交通	75	100	100
MC_infraf	基础设施	100	100	75

续表

评价指标		权重		
图层	名称	居住	商业	产业
MC_trainf	高铁站关系	50	100	50
MC_vif	现状村庄	25	25	25
MC_water	水域	100	75	25
MC_express	高速公路	50	50	100
Flood	滞洪区	100	100	100

紧凑发展政策下用地适宜性评价结果　　　　表 4-3

类型	评价原则	用地适宜性评价图
居住用地适宜性	①行洪区禁止建设 ②紧凑发展则弱化拆迁成本 ③滨水居住 ④地质影响弱	
公共服务设施用地适宜性	①行洪区禁止建设 ②紧凑发展则弱化拆迁成本 ③地质影响弱	
工业用地适宜性	①行洪区禁止建设 ②紧凑发展则弱化拆迁成本 ③地质影响弱	

4.2.2 外延发展政策下的用地适宜性评价

外延式发展主要是不考虑城市基础设施开发的成本，以城市地质条件以及村庄拆迁成本作为主要考查内容，使得城市绕开障碍发展。可以利用层次分析法得到外延发展政策下各因子的权重，从而得到各类用地的适宜性评价结果（表4-4，表4-5）。

外延发展政策下各评价因子的权重 表 4-4

评价指标		权重			备注
图层	名称	居住	商业	产业	
MC_elevation	高程	25	25	25	
MC_equake	地震断裂带	0	0	0	不考虑地震断裂带影响
MC_exroad	现状交通	50	50	50	
MC_infraf	基础设施	0	0	0	不考虑现有基础设施约束
MC_trainf	高铁站关系	25	100	0	
MC_vif	现状村庄	100	100	75	
MC_water	水域	100	75	25	
MC_express	高速公路	50	25	100	
Flood	滞洪区	100	100	100	

外延发展政策下用地适宜评价结果 表 4-5

类型	评价原则	用地适宜性评价图
居住用地适宜性	①行洪区禁止建设 ②现有村庄拆迁成本高	
公共服务设施用地适宜性	①行洪区禁止建设 ②现有村庄拆迁成本高	
工业用地适宜性	①行洪区禁止建设 ②现有村庄拆迁成本高 ③货运交通影响比较显著	

4.3 经济社会发展目标下的空间需求分析

城市规模是城市总体规划根据经济、社会发展需要确定的，把定性的目标定量化，它是城市空间布局的依据。具体可在现状调查的基础上，对照经济发达城市的发展过程，分析城市发展的规律并做出预测，使规划指标大体适应需要并适度超前、留有余地。

4.3.1 空间需求预测原则及方法

空间需求主要涉及居住空间及就业空间需求，其中居住空间预测的核心内容是人口预测，而就业空间需求的核心内容是就业岗位预测。空间预测有两种方法，一种是基于现状的趋势外推方法；另外一种是基于现状的非趋势外推法，其主要根据社会经济的评价。

1）居住空间预测

居住空间预测在一定程度上反映城市规模的预测，未来城市规模可能出现3种情况，即高速增长、稳定增长以及保守增长（表4-6，表4-7）。2008年漯河市现状及各规划年限建成区人口分别为65.9万、145万、120万以及110万。

居住空间预测包括总人口数、家庭户数、住宅套数以及集体宿舍人口数，其中户数主要分析户均规模，住宅套数主要考虑住宅的空置率。

稳定增长情景下人口预测　　　　　　　　　　　　　　　　表4-6

稳定增长	2015	2020	2030
总人口	830000	1000000	1200000
集体宿舍人口数	25000	25000	25000
家庭户数	276000	330000	400000
户均规模	3.00	3.00	3.00

保守增长情景下人口预测　　　　　　　　　　　　　　　　表4-7

保守增长	2015	2020	2030
总人口	820000	850000	1100000
集体宿舍人口数	25000	25000	25000
家庭户数	270000	280000	330000
户均规模	3.00	3.00	3.00

2）就业空间预测

就业空间预测主要包括三方面内容：行业分类、各行业与用地的关系以及各行业的就业岗位预测。其中各行业与用地的关系主要是考虑各行业就业岗位对应用地的关系,两者属于多对多的关系,即每行业有可能对应多种不同的用地,而每类用地对应多种不同的行业,因此,各行业与对应各用地的关系需要确定。

空间需求主要包括三大块内容:现状的、历史年份的以及未来的空间需求预测,其中现状的空间需求包括现状各类用地、住宅套数、就业岗位数及中心城区建设用地总量。历史年份的数据仅需选取 2 个或 3 个历史年份,包括其居住人口及就业人口。对于未来的空间需求预测主要是从 3 个情景去预测:快速增长、稳定增长以及保守增长。

其中就业空间需求主要是以经济增长率确定,根据漯河市经济发展的历史数据以及目前漯河市经济发展的阶段,综合确定其快速增长以人均 GDP 增长率为 13%,平稳增长为 10%,保守增长为 8%。各类用地之间的比例主要是根据 2005~2009 年五年的统计年鉴得到就业岗位数的比例,并依此为基础预测未来年的各行业的就业岗位数(表 4-8)。

不同增长情景下经济预测　　　　　　　　　　表 4-8

增长情景	年份	人均 GDP(元)	人均 GDP(美元)
快速增长	2015	52315	7529
	2020	96387	13873
	2030	250003	35982
平稳增长	2015	43334	6237
	2020	69789	10045
	2030	159196	22913
保守增长	2015	38110	5485
	2020	55997	8059
	2030	117565	16921

4.3.2 保守增长情景下的居住用地及就业用地需求

保守增长主要是考虑未来经济发展保持 8% 的增长速度,分别预测 2015、2020 以及 2030 年的 GDP 规模和就业岗位(表 4-9)。

保守增长情景下就业岗位预测　　　　　　　　表 4-9

低增长就业岗位数	2015 年	2020 年	2030 年
工业	128000	133875	150000
建筑业	32000	38250	50000
商贸物流	13200	21542	41679

续表

低增长就业岗位数	2015 年	2020 年	2030 年
零售业	13616	22485	51810
餐饮业	7546	11235	21054
金融业	11680	18892	35475
房地产	5952	10014	21483
科研	6208	11255	26103
教育	37888	42980	45705
卫生医疗	12016	21185	38808
政府机构	29824	30567	20130
其他	22070	20220	27753

4.3.3 稳定增长情景下的居住用地及就业用地需求

稳定增长主要是考虑未来经济发展保持以 10% 的增长速度，分别预测 2015、2020 以及 2030 年的 GDP 规模和就业岗位（表 4-10）。

稳定增长情景下就业岗位预测　　　　表 4-10

稳定增长就业岗位数	2015 年	2020 年	2030 年
工业	131200	141750	165000
建筑业	32800	40500	55000
商贸物流	13530	22810	37890
零售业	13956	23808	47100
餐饮业	7734	11896	19140
金融业	11972	20003	32250
房地产	6101	10603	19530
科研	6363	11917	23730
教育	38835	45508	41550
卫生医疗	12316	22431	35280
政府机构	30570	32366	18300
其他	22622	21409	25230

4.3.4 快速增长情景下的居住用地及就业用地需求

快速增长主要是考虑未来经济发展保持以 13% 的增长速度，分别预测 2015、2020 以及 2030 年的 GDP 规模和就业岗位（表 4-11，表 4-12）。

快速增长情景下人口预测 表 4-11

快速增长	2015 年	2020 年	2030 年
总人口	850000	1200000	1450000
集体宿舍人口数	25000	25000	25000
家庭户数	280000	400000	480000
户均规模	3.03	3.00	3.02

快速增长情景下就业岗位预测 表 4-12

快速增长就业岗位数	2015 年	2020 年	2030 年
工业	136000	189000	220500
建筑业	34000	54000	73500
商贸物流	14025	30413	55698
零售业	14467	31743	69237
餐饮业	8017	15862	28136
金融业	12410	26671	47408
房地产	6324	14137	28709
科研	6596	15890	34883
教育	40256	60677	61079
卫生医疗	12767	29908	51862
政府机构	31688	43154	26901
其他	23450	28546	37088

4.4 基于政策的城市空间发展模式

4.4.1 情景一：政策不干预

与工业化时期城市空间高密度"摊大饼"式蔓延增长方式相反，1980 年后的城市蔓延则是"郊区化的特别形式"，它包括以极低的人口密度向现有城市化的边缘扩展，占用未开发地区。

政策不干预即延续现有发展模式的核心原则是让市场主导城市发展的空间资源配置，城市规划主要完善城市路网的布局及公共设施配置。该模式下城区内部的城中村以及城市边缘的土地开发近期内无法形成有效的规模，为这种随机分布模式的公共服务及基础设施服务需要耗费高昂的成本，从而影响了未来城市土地使用优化。城市蔓延是指在服务和城市就业核心区以外的一种低密度与就业、购物、娱乐、教育等相分离，要求通过小汽车运输实现空间移动的空间发展模式（表 4-13）。

政策不干预情景下空间布局示意　　　　　　　　　表 4-13

规划年限	空间布局	空间特征说明
2009	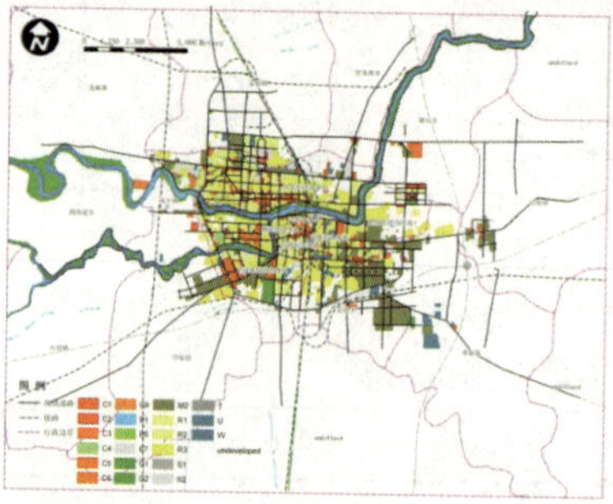	现状用地主要集中在107国道以东，工业主要分布在京广铁路以东
2015	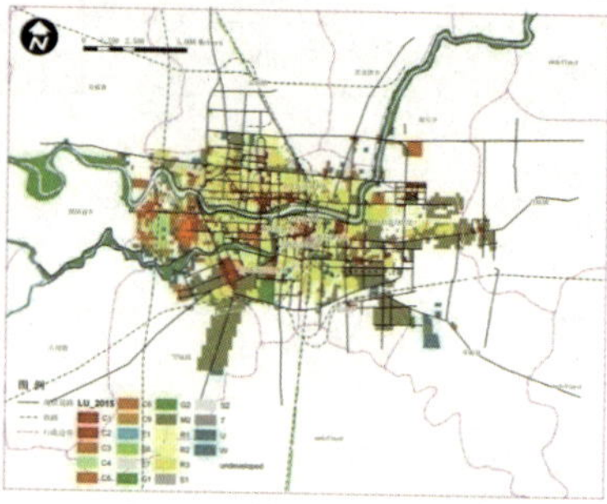	用地跨107国道往西发展，工业主要是往东、南发展
2020	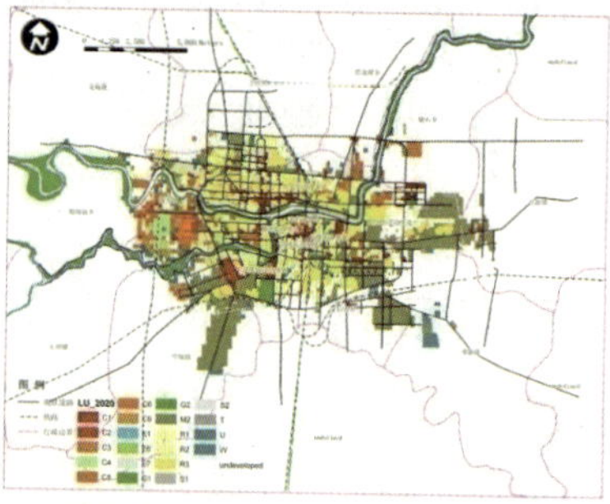	产业用地进一步向东扩展
2030	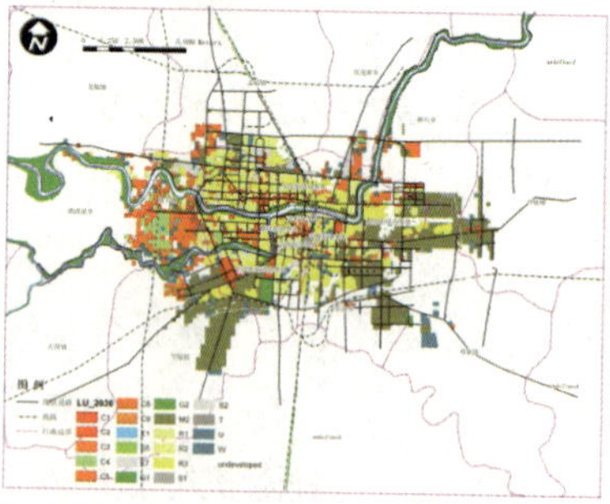	各类用地稍微缓慢

图中黄颜色代表居住、红颜色代表商业零售、绿色代表文化娱乐等、紫色代表工业仓储、品红代表基础设施。从分配结果可以看到，2020年居住用地主要是向西拓展；商业用地主要是集中在高铁站片区，娱乐、体育等公共服务类用地则分布比较均衡，各方向均有涉及；

工业用地主要是向东发展，澧河以南也有部分工业用地；基础设施类用地主要往东发展。

2030年居住用地全面往西拓展，包括沿沙澧河及107国道，往东沿人民路也适合分布居住类开发；商业用地主要是伴随居住用地向外拓展，比较显著的是在高铁站周边及人民路中山路交叉口处形成比较集中的商业用地；文化娱乐用地仍然分布比较均衡；工业用地除了延续2020年前的态势向东拓展之外，在澧河以南、高铁以西片区也有分布；基础设施类用地主要集中在人民路以南、中山路以东（图4-3）。

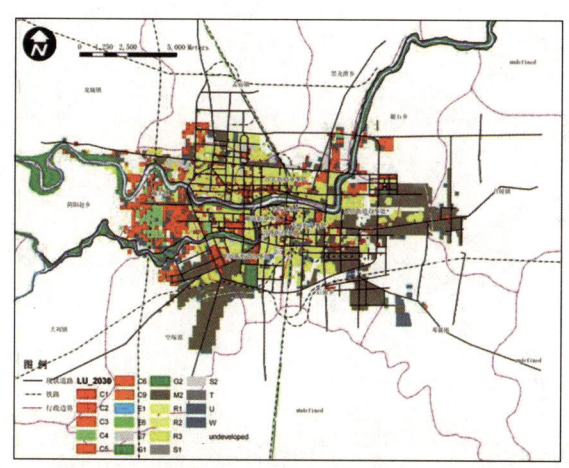

图4-3 政策不干预情景下2030年空间布局

4.4.2 情景二：集聚发展政策

强中心发展模式的核心原则是进一步集聚城市空间资源，使得城市在单一市场的基础上形成一个强有力的市中心，从而带动周边区域发展（表4-14）。

1）充分利用现有的城市基础设施和已建成的城市交通网络；

2）强调中心在推动城市经济发展中的核心作用和地位。

集聚发展政策下空间布局 表4-14

规划年限	空间布局	空间特征说明
2009（现状）		沿河发展

续表

规划年限	空间布局	空间特征说明
2015	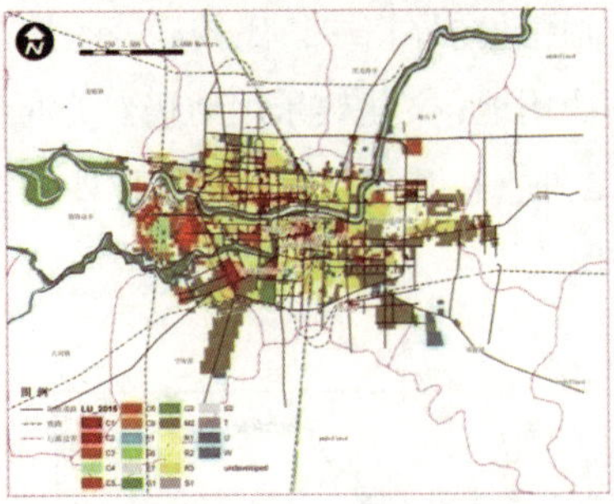	西部高铁站周边开发
2020	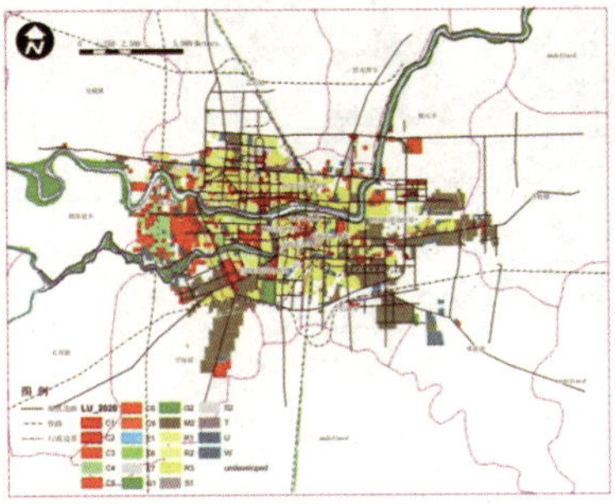	公共设施用地集中在城区中心
2030	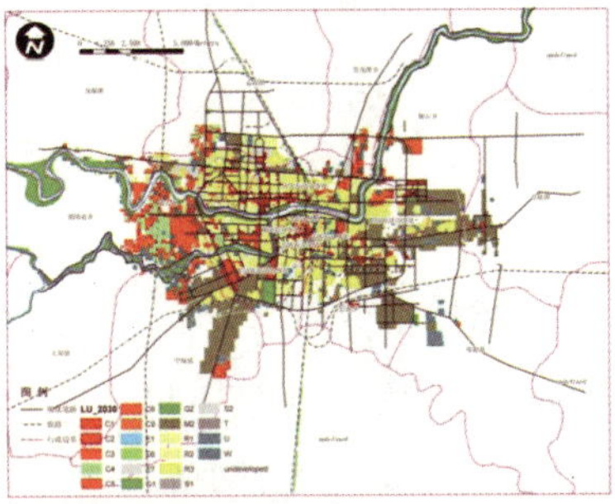	基础设施变化不大

图中黄色代表居住、红色代表商业零售、绿色代表文化娱乐等、蓝色代表工业仓储、品红代表基础设施。从分配结果可以看到，2020年居住用地主要向西拓展分布在沙澧河之间及澧河南岸；商业用地主要集中在高铁站片区，娱乐、体育等公共服务类用地则分布比较均衡，各方向均有涉及；工业用地主要是沿人民路发展；基础设施类用地主要往东发展（图4-4）。

4.4.3 情景三：疏解发展政策

组团式发展模式的核心原则是通过有效的空间资源配置及低成本发展的优势的新区拓展，使得城市在单一市场的基础上增加中心区位的有效供给。组团式发展模式意味着更长的交通通勤距离，而且城市高端商业活动无法在这种发展模式下达到规模经济要求而影响城市竞争力，因此在确定组团式发展模式时必须通过快速交通以及明确的中心体

第4章 城市空间发展政策的规划决策支持研究

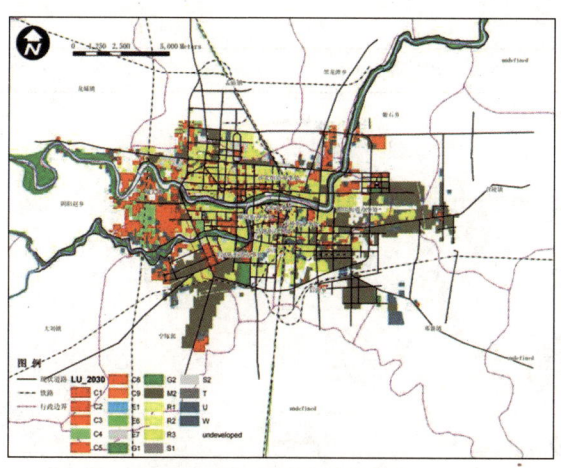

图 4-4 集聚发展政策情景下空间布局

系建设来规避该模式的风险（表 4-15）。

1）交通与土地使用尽量实现各组团间的平衡；
2）利用自然特性及干道交通形成各个组团的发展边界和景观特色；
3）用地功能混合：补充缺乏的功能，满足日常需求的功能尽可能地靠近；
4）尽量保护生态空间不受破坏和侵占。

疏解发展政策情景下的空间布局　　　　　　　　　　表 4-15

规划年限	空间布局	空间特征
2009（现状）	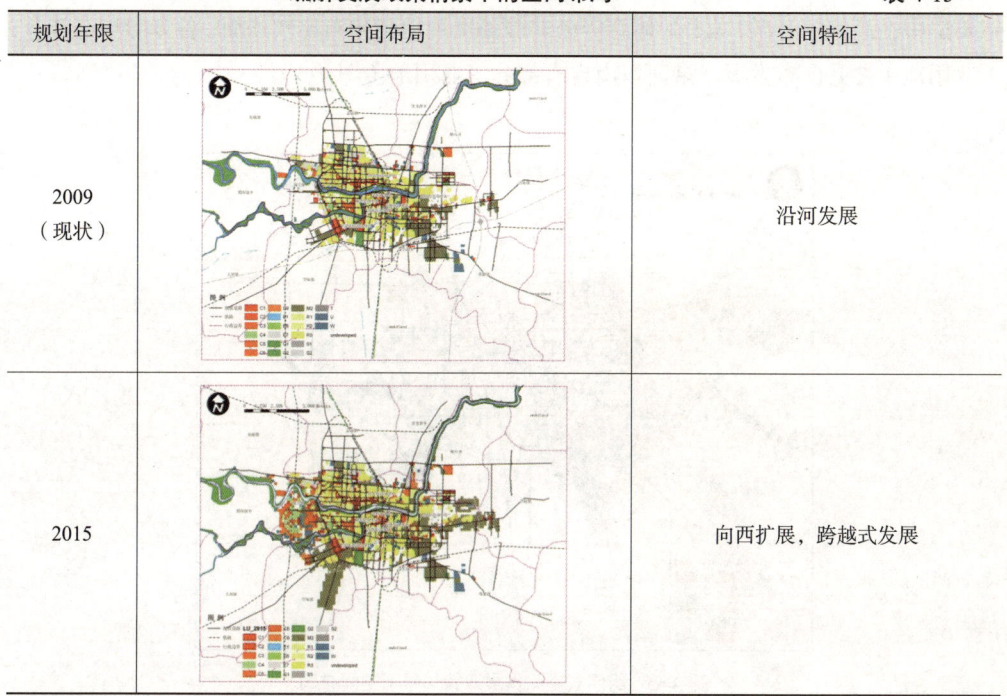	沿河发展
2015		向西扩展，跨越式发展

97

续表

规划年限	空间布局	空间特征
2020		沿人民路、长江路东西扩展
2030		沿河向东西扩展

图中黄色代表居住、红色代表商业零售、绿色代表文化娱乐等、蓝色代表工业仓储、品红代表基础设施。从分配结果可以看到，2020年居住用地主要是向西拓展；商业用地主要集中在高铁站片区，娱乐、体育等公共服务类用地则分布比较均衡，各方向均有涉及；工业用地主要是向东发展，澧河以南也有部分工业用地（图4-5）。

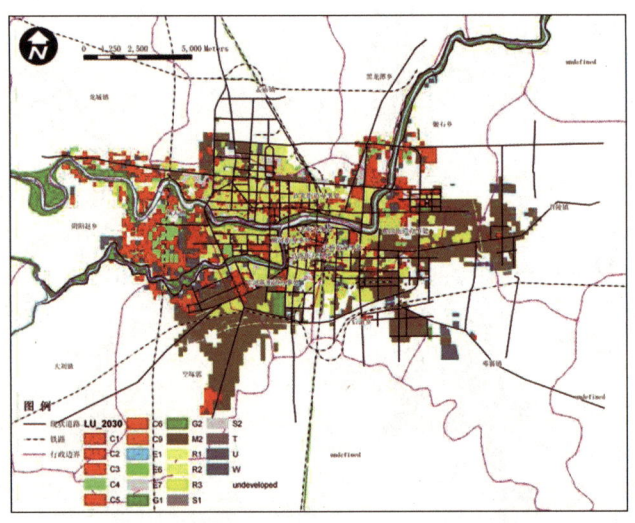

图4-5　组团式空间发展政策情景下空间布局

利用这种新的城市增长模式,很好地解决了资源环境保护与城市发展的关系,同时避免了单中心发展模式远期带来的问题,在尊重自身空间发展特征的基础上,充分利用了现有发展资源,形成了整体生机勃勃的发展结构。

4.5 基于多目标的空间发展政策评价与优化

任何规划布局方案评估的核心问题是公共政策将要实现的目标。公共政策决策有多个目标,因此会有多种衡量标准。即公共政策试图达到最优化,而不是最大化。这种方案评估的核心都希望可选方案的关键内容可以被识别、描述和对比,然后用于辅助规划决策。

4.5.1 空间发展政策评价的原则

1)空间发展政策是否有利于提高城市发展竞争力;
2)空间发展政策是否能控制和引导市场,从而避免对环境和生态有害的发展模式;
3)空间发展政策是否最大限度地降低城市发展带来的负面外部效应;
4)空间发展政策是否最大限度地协调了土地使用、城市发展与交通规划。

4.5.2 基于多目标的空间发展政策评价指标体系

1)评价对象

本章是对资源与环境约束下的中等城市的空间发展政策的研究,主要评价对象为不同城市空间政策下的规划区未来可持续发展的土地使用模式和城市形态。

2)目标层

在城市快速发展时期,一般城市往往采取低成本的空间快速扩张的发展政策,这势必会带来对生态环境的破坏,从而影响城市可持续发展的能力。在进行空间布局的时候,既要考虑经济发展的好处,又要权衡经济发展所带来的负面效应,因此,决策者面对不同发展目标的选择,到底是经济发展优先还是生态环境保护优先,或者选择一种可持续发展政策。

3)核心指标

丁成日(2004)针对北京市总体规划修编展开方案规划的研究,其中最核心部分是提出了定量评价规划方案的方法,采用规划决策支持软件 INDEX 进行定量分析,选用了人口密度、就业密度、针对住宅区的交通服务、针对就业的交通服务、污染气体排放、街道长度、公共交通覆盖面、街道通达性、机动车公里数等。目前从全局层面仅用地集约程度以及空间形态的角度对方案进行评价(表4-16)。

空间决策模型评价指标体系 表 4-16

目标层	评价准则	评价因子	备注
资源节约	用地集约程度	人口密度	
		就业密度	
环境友好	空间形态	可达性	基于交通小区
		紧凑度	

4）指标计算

人口密度：土地使用模型得到每个交通小区的人口数据，然后利用人口数除以交通小区面积得到了人口密度，该指标反映了城市空间布局的模式，是集中开发模式还是分散开发模式。

$$P_{density} = \frac{pop}{area} \quad (4-1)$$

其中 $P_{density}$ 为人口密度，pop 为各交通小区居住人口数，area 为各交通小区的面积。

就业密度：土地使用模型得到了每个交通小区的就业数据，然后利用就业人口除以交通小区面积得到了就业密度，该指标反映了城市中心体系的模式，是单中心开发或者多中心分散模式。

$$E_{density} = \frac{employment}{area} \quad (4-2)$$

其中 $E_{density}$ 为就业密度，employment 为各交通小区的就业人口，area 为各交通小区的面积。

广义可达性：考查基于交通小区而非基于道路网络的可达性，从交通小区间的空间直线距离来评价，主要还要考虑就业吸引对交通的影响。该指标主要是从空间均衡的角度考查可达性与就业人口的空间分布关系。

$$A_{accessibility} = \frac{\log employment}{\log area} \times \log dis_{average} \quad (4-3)$$

其中 $A_{accessibility}$ 为各交通小区的广义可达性，employment 为各交通小区的就业人口，area 为各交通小区的面积，$dis_{average}$ 为各交通小区到其他交通小区的平均距离。

紧凑度：主要是从空间形态上考查用地布局，从各用地方案用地面积及用地的边长的关系进行分析计算，该指标反映了紧凑度与土地开发对环境冲击的关系，紧凑度越高则对环境冲击越大。

$$C_{compact} = \frac{2\sqrt{\pi \times area_{landuse}}}{length_{landuse}} \quad (4-4)$$

其中 $C_{compact}$ 为各用地方案的紧凑度，$area_{landuse}$ 为用地方案的面积，$length_{landuse}$ 为用地

方案的边界长度。

4.5.3 空间发展政策评价

1) 不同发展政策的空间分布

表 4-17 和表 4-18 是基于土地使用模型，直接得到的 3 种不同空间政策下人口密度及就业密度的空间分布示意。

不同情景下居住密度与就业密度对比分析表　　　　　　表 4-17

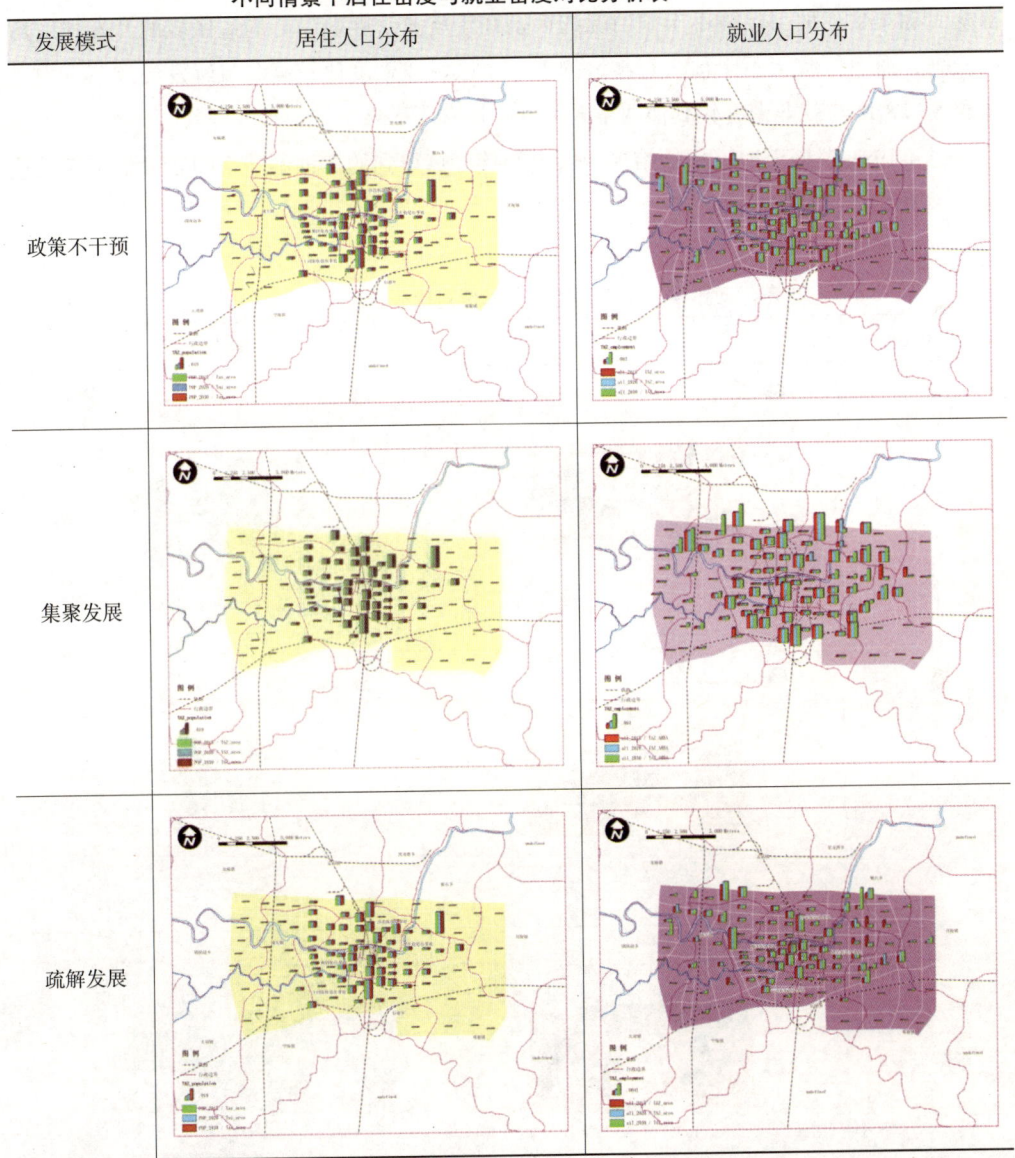

不同政策情景下空间方案的居住密度与就业密度对表分析表　　表 4-18

	2015 年（人 /km²）		2020 年（人 /km²）		2030 年（人 /km²）	
	居住密度	就业密度	居住密度	就业密度	居住密度	就业密度
政策不干预	3110	780	3133	844	3156	843
集聚发展	3100	835	3119	760	3139	878
疏解发展	3085	968	3093	1047	3110	1134

从上表可以看到政策不干预情况下，人口与就业均比较集中；集聚发展政策下，人口密度更加集聚，而与政策不干预情况的区别在于就业密度是中心周边区域的开发强度均比较高，而不像政策不干预时有零星的若干小区就业密度比较高。疏解发展政策下中心区的人口密度与就业密度较其他两个政策下的均有所下降。

表 4-19 是根据土地模型的结果中通过间接计算得到的 3 种不同空间政策下广义可达性及紧凑度的空间分布示意。

不同政策情景下可达性与紧凑度对比分析表　　表 4-19

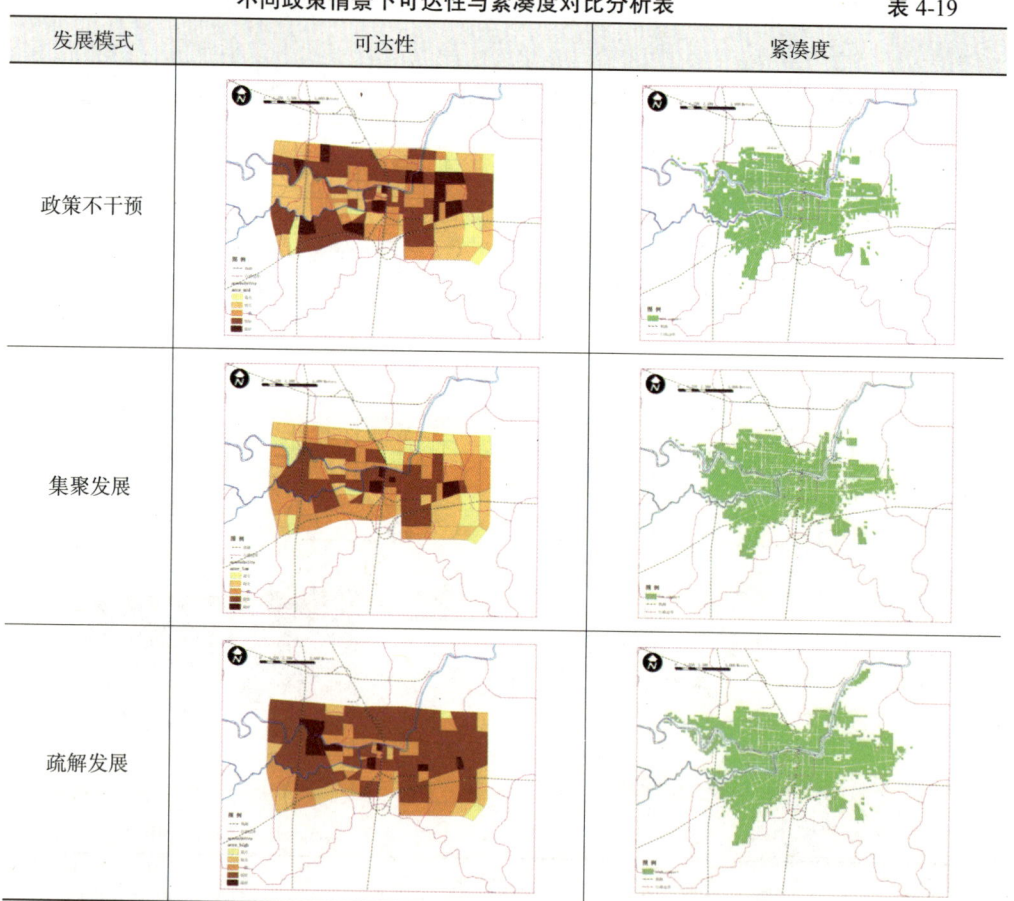

发展模式	可达性	紧凑度
政策不干预		
集聚发展		
疏解发展		

从上表可以看到政策不干预时，现状建成区边缘反而可达性比较高，造成在城郊结合部呈无序发展状态，相对比较紧凑；集聚发展政策下中心区的可达性显著比较高，考虑到开发政策比较紧，城市各个方向发展的速度不一样，可以看到虽然从图上看比较紧凑，但紧凑度反倒会小；疏解发展政策下可达性分布相对比较均衡，在中心及东西两端均有可达性高点。

2）不同空间布局方案的比较

通过归一化处理计算，得到不同空间发展政策下的用地方案评价指标，分别是人口密度、就业密度、可达性及紧凑度（表4-20，图4-6）。

不同空间布局方案评价标准化评价值　　　　　　表 4-20

评价准则		政策不干预	集聚发展政策	疏解发展政策
用地集约程度	人口密度	1	0.9	0.8
	就业密度	0.75	0.9	1
空间形态	可达性	0.75	0.8	1
	紧凑度	1	0.9	0.8

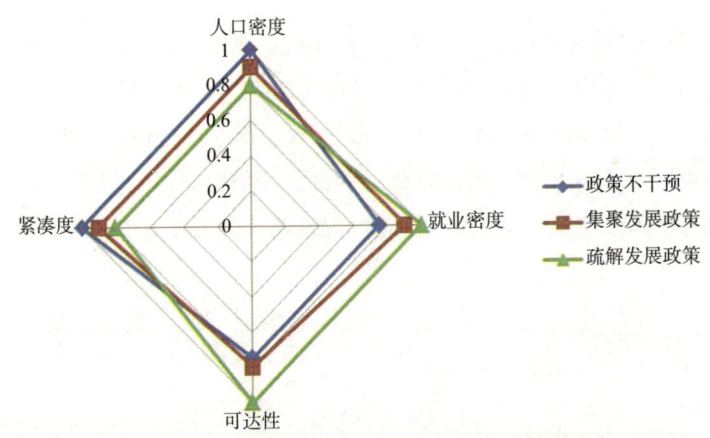

图 4-6　不同政策情景下方案的特征比较图

（1）政策不干预

政策不干预时的空间布局方案在人口密度及紧凑度两个方面比较显著，老城中心相对比较拥挤，整体可达性较低，从而制约了商业及其他服务业的发展，造成就业密度相对较低。

（2）集聚发展政策

集聚发展政策的空间布局方案相对其他两个政策，没有显著的问题和缺陷，整体的人口密度及紧凑度比政策不干预稍微下降，从而使得就业有所增长，整体的可达性上升。

（3）疏解发展政策

疏解发展政策的空间布局方案在就业密度及可达性两个方面评价指标比较高，说明该种政策下提供较多的可达性较高的中心区位，使得商业及服务业得到良好的发展从而提供较多的就业需求。

总体而言，通过不同政策的比较可以得到，对于漯河市的城市发展来说疏解发展政策有利于提供更多的中心区位的用地，使得可达性相对更加均衡，从而更有利于培育城市的中心体系，使得商业及其他服务业快速发展。

4.6 中等城市空间发展的政策控制与引导

蔓延式增长是目前绝大部分中等城市空间增长的主要方式，这是社会经济发展和快速城市化的必然结果，但是在这一过程中，如果没有意识到城市蔓延的规律和威胁，那么中心城"外溢回波式"的向外扩张趋势将带来灾难性的后果，城市也失去了利用经济发展动力调整城市空间的黄金时机。

4.6.1 最优的空间发展模式

"集聚与分离"、"紧凑和疏散"的讨论一直伴随着现代城市规划理论的发展。实际上，这是城市发展的两个方面，"紧凑发展"和"有机疏散"两者并不矛盾，一个是针对城市土地使用模式，一个是针对空间结构。多中心组团式城市结构是现代城市发展追求的目标，而且不同的空间发展模式均有各自的好处，因此，我们可以综合以上3种空间发展模式的优点，形成符合漯河市城市发展的最优空间发展模式，如图4-7所示。

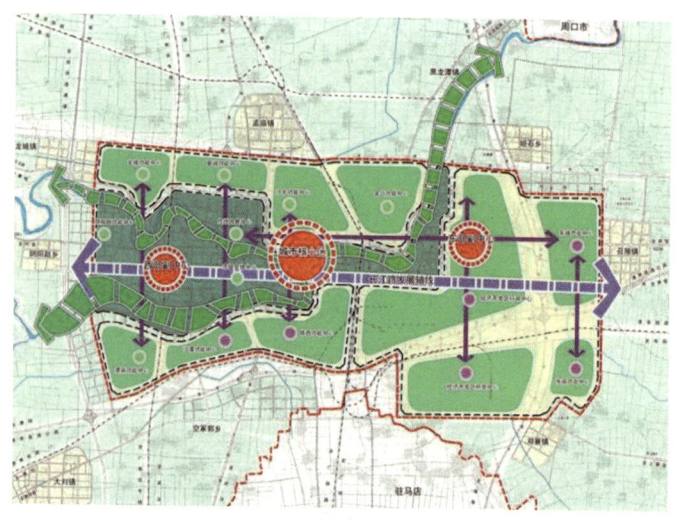

图4-7 组团式空间发展模式

4.6.2 空间发展政策指引

封闭的单中心城市结构已不能适应城市发展的需要,开敞式、多中心组团布局结构正给城市空间增长带来新的生命(顾朝林等,2000)。于是,城市在逐步由单中心结构向多中心结构演化过程中需要解决的核心问题不再是争论哪种模式的问题,而是确定每一个城市组团需要控制在某一个规模范围内以及某种交通方式实现各个组团之间高效的联系。在确定城市组团式用地布局的基础上,居住用地、公共服务设施用地及产业用地均需要围绕这一空间结构深化和完善。

居住用地应该摆脱目前的粗放式发展,应该强调从粗放控制走向精细控制,具体表现在开发地块大小应该相对合理,不能仅沿路开发,造成地块空置率上升。结构布局上应该从单一走向均衡,实施功能相对均衡的土地出让,关注设施配套。

公共服务设施的空间发展主要考虑形成中心体系结构,同时公共服务设施空间布局必须与城市"一主两幅"的空间结构相匹配。

产业空间的发展主要考虑到用地的集约性,所有产业用地进园区;另外一方面,产业空间发展要与沙澧河沿河开发相协调,严格控制工业沿河发展,适当引导生产性服务业沿河集聚,如图4-8所示。

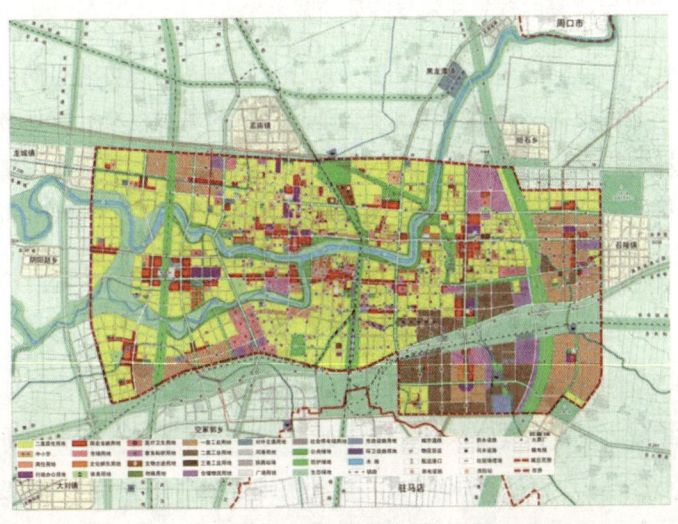

图4-8 基于组团式空间发展模式的2030年土地使用图

第5章 基于城市土地使用优化的交通发展政策决策支持研究

城市交通体系发展不仅由城市用地布局决定，同时对用地布局具有引导作用，所以在进行城市交通体系发展政策研究的时候要结合城市空间布局特点，结合资源与环境约束的条件。但针对不同政策引导下的交通发展模式，如何评判交通政策对于城市土地使用的优化作用，以及发展的优劣呢？因此，本章内容主要结合实例分析，研究基于中等城市土地使用优化的交通发展政策决策支持，即对于不同交通发展政策下的交通发展模式进行分析，利用交通可达性对城市用地布局及土地使用进行回馈、调整和优化。最后通过交通评价实现交通对土地使用的进一步回馈，达到城市土地使用及交通体系优化的目的。

5.1 交通发展政策的规划决策支持的技术框架

5.1.1 交通发展政策的规划决策支持研究思路

交通发展政策的规划决策支持研究主要以优化用地布局为主要目的，在一体化规划模型第一步的土地使用优化结果的基础上，通过交通四步骤模型计算出各交通小区的可达性，对于土地使用进行循环反馈，直到可达性达到收敛。然后建立完整的交通发展政策决策支持评价体系，并且在评价的结果上进一步分析各种交通模式的特点及优势，从而为不同城市用地布局选择相应的交通发展政策提供理论基础及规划理念（图5-1）。

5.1.2 决策支持功能结构及实现技术分析

1）决策支持的功能结构分析

交通规划政策决策支持系统的功能，主要是为了进行交通发展政策决策支持提供依据，其核心功能结构主要包括三部分内容：交通需求预测、交通可达性反馈和交通发展政策的评价。交通需求预测主要基于四步骤模型，包括出行生成、出行分布、方式划分和交通分配；交通可达性反馈是通过四步骤模型计算出交通可达性数据，并对空间土地使用进行反馈调整；交通发展模式评价是将交通需求量分配到每种交通模式的路网上，计算指标体系的指标值，最后进行交通模式评价。

2）决策支持的实现技术分析

本章采用地理信息系统（GIS）和Emme等模型软件给予技术支持。GIS是将储存在

第 5 章　基于城市土地使用优化的交通发展政策决策支持研究

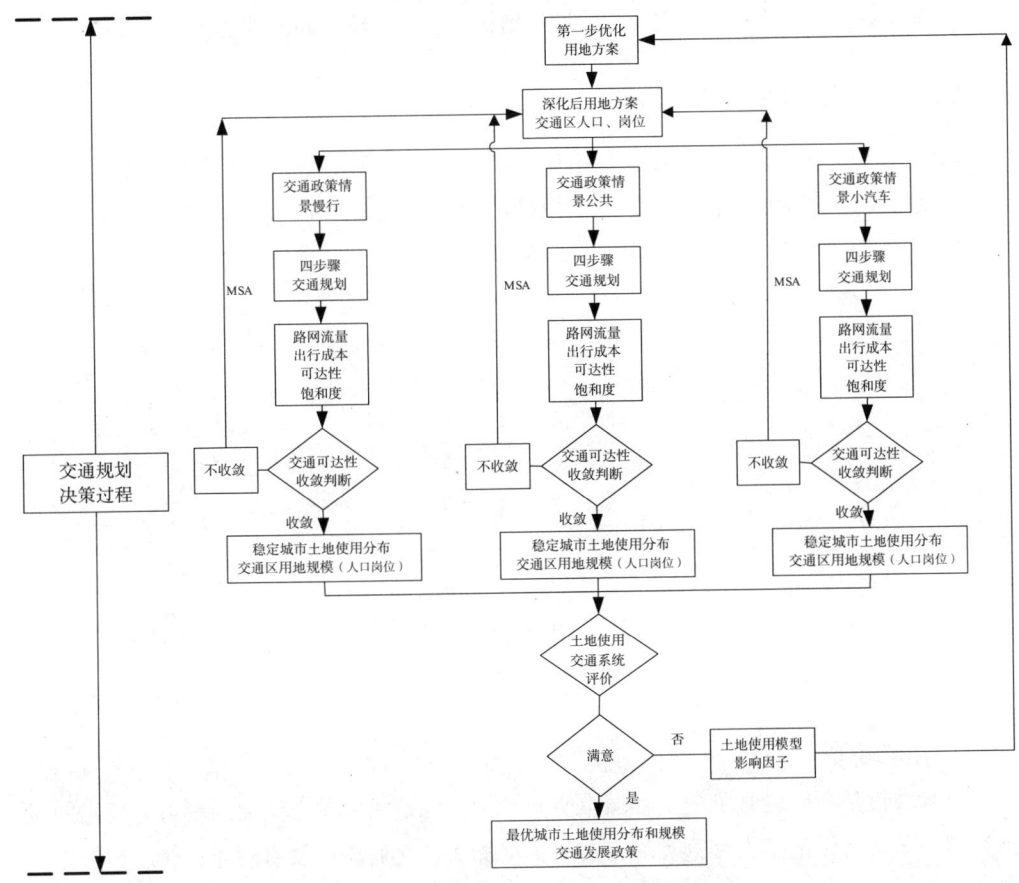

图 5-1　交通规划政策决策支持的技术路线图

数据库中的空间地理数据及属性数据加以分析并向决策者提供设计所需信息。另外，软件 Emme 用来生成和处理地图，建立和维护地理数据集，以及进行空间数据分析。通过空间结构数据和土地使用数据，转化为交通运输的特殊数据，诸如：交通运输网络、交通 OD 矩阵、公交路线、交通流量分配的路段流量、车辆行驶时间、行驶速度、可达性、车行驶公里数与道路服务水平等。首先利用 Emme 模型对先用空间数据通过四步骤模型计算可达性，反馈给土地使用模型进行用地调整，然后对不同用地及不同交通模式进行指标计算，通过各交通发展政策方案的评价，选择对于城市空间优化的交通发展政策。

5.2　不同空间发展模式下的中等城市交通特征分析

基于前文分析，较优的中等城市空间发展模式主要包括团状城市、带状城市和组团状城市三类。本节首先对中等城市三种优化的空间发展模式的交通供需展开讨论，具体论述不同空间结构的发展特点以及交通面临的问题。然后结合漯河市实例，从交通供给与交通需求两方面,分析漯河市规划的城市结构与交通系统之间的特征。

5.2.1 不同空间发展模式下的交通特征分析

目前,我国中等城市形态最主要还是团状城市,然而未来经过城市形态的演变,逐步发展为多中心的城市、组团式城市或带状城市等如图 5-2 所示。不同的城市土地使用模式,城市内部交通需求特征也不同,需要根据不同城市发展模式分别讨论。

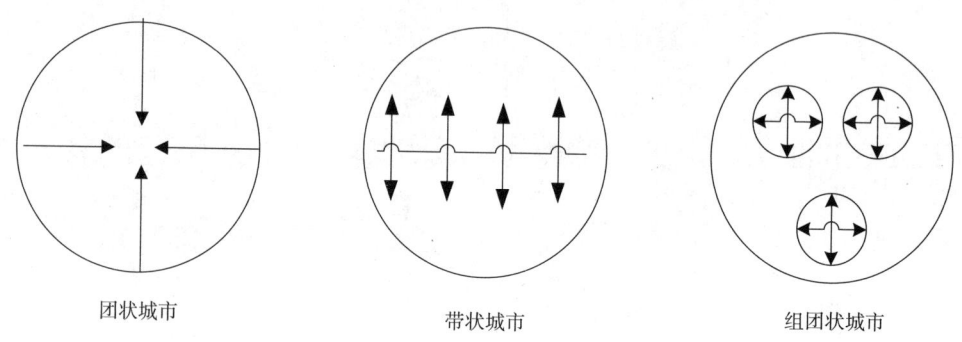

图 5-2　城市形态和交通流特征分布示意图

1)团状城市

团状城市是我国最常见的一种城市空间结构,也是我国城市交通问题最为突出的城市类型。城市规模的扩大使这类城市交通强度加大,交通流向没有规律,交通拥挤十分严重。造成这种状况的原因是多方面的:城市道路断面宽度有限,道路路网级配不尽合理,再加上我国城市的小汽车数量迅速增长,团状城市交通问题日渐突出。在团状城市中最终的交通问题是如何使得内部交通流顺畅,缓解出行增加给现状路网带来的高负荷交通压力。

2)带状城市

带状城市是最为理想的城市空间结构,它具有很好的开敞空间和纵向扩展空间。城市快速路或主干道路沿城市的轴线布置,而城市的交通流向和强度沿着主要道路均匀分布。此类城市一般大力发展公共交通,通过干线公交线网连接城市不同功能分区,许多支线和辐射线作为补充,如银川、湖州等城市。由于轨道在各城市中的大力建设,在带状城市中,轨道交通线路多为放射线,从城市中心向不同方向辐射,常规的公共交通作为轨道交通的接驳方式,形成城市的支线,吸引周边的客流到轨道交通干线上来。然而带状城市对于城市内部交通联系缺乏紧密性,而且城市发展空间分散,产业布局分散化,城市内部交通出行需求因此具有特殊性,存在中长途出行需求。

3)组团状城市

组团状城市是城市同心圆圈层发展的理想疏导,在城市周边形成不同功能和用地性质的组团，中间以绿带分离，是著名的芬兰规划师沙里宁所主张的"有机分散"规划理论的实践。每个组团成为一个"功能性的集合体"，日常生活乃至工作都可在其中进行，组团间的联系则可通过布置在绿带中的高速公路或轨道交通连接，使得交通从无序状态变为有序均衡状态。组团状城市有两种出行特点，既要满足组团内部出行需求，同时还要满足组团之间的出行需求。组团状城市应该提高长距离运输方式服务水平，从而加强组团间的联系。

以上是对在不同城市空间模式下的交通发展特点的分析，但是由于城市的历史背景差异，不同限制条件以及不同的发展方向、交通的供需也有区别，并不能一概而论，要针对自身问题进行详细分析，从而制定适宜的交通发展模式。本书第4章主要以漯河市为例，通过城市发展政策制定出空间优化结构，以下就针对漯河市优化的空间结构进行交通供给和交通需求分析。

5.2.2 基于组团状城市空间结构的交通供给分析

1）城市空间布局

城市空间结构决定着城市土地使用布局，也决定着城市交通基础设施的建设布局。一方面土地使用的整体布局决定道路网的布局形态，另一方面土地开发强度决定着交通基础设施建设的情况。漯河市土地使用布局由单中心集聚式发展转变为组团式发展，首先对交通设施的建设要求在单个中心内部道路网建设需要满足生活性和交通性双重要求；其次要求组团之间的交通通道的建设能够满足交通功能需求，能够提供高效快捷的组团间通行（图5-3）。

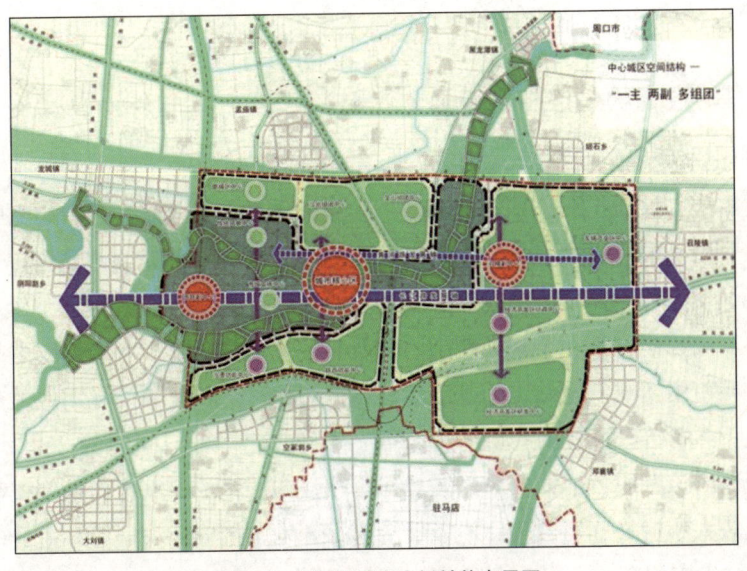

图 5-3 漯河市城市空间结构布局图

2）城市道路网布局

根据漯河市综合交通规划，在规划期末建立符合漯河市未来交通发展的高效、公平、安全、可生长的道路网络。具体为实现对外交通联系便捷、内部道路功能明确、级配合理、城市交叉口顺畅的道路网络；转变"以车为本"的思想，树立"以人为本"的观念，改变行人和非机动车在道路使用上的弱势地位，体现公众利益优先，不仅为车辆行驶提供快速通达的通道，同时保证非机动车和行人舒适的交通环境；通过改善城市道路线形、等级、断面形式以及不合理交叉口，从道路网络上杜绝不安全因素；为城市未来发展提供有改造空间、可延伸生长的城市道路骨架；增加公交线路、城区与近郊、远郊的线路通过公交枢纽站密切衔接（图5-4）。

图5-4　漯河市城市路网规划图

5.2.3　基于组团状城市空间结构的交通需求分析

1）城市土地使用分析

封闭的单中心城市结构已不能适宜城市发展的需要，开敞式、多中心组团布局结构正给城市空间增长带来新的生命（顾朝林等，2000）。于是，城市在逐步由单中心结构向多中心结构演化过程中需要解决的核心问题不再是争论哪种模式的问题，而是确定每一个城市组团需要控制在某一个规模范围内以及某种交通方式实现各个组团之间高效的联系。在确定城市组团式空间结构的基础上，居住用地、公共服务设施用地及产业用地均需要围绕这一空间结构深化和完善。

居住用地应该摆脱目前的粗放式发展，应该强调从粗放控制走向精细控制，具体表现在开发地块大小应该相对合理，不能仅沿道路开发，造成地块空置率上升。结构布局上应该从单一走向均衡，实施功能相对均衡的土地出让，关注设施配套。

公共服务设施的空间发展主要考虑形成中心体系结构，同时公共服务设施空间布局必须与城市"一主两副"的空间结构相匹配。

产业空间的发展主要考虑到用地集约性，所有产业用地进园区；另外，产业空间发展要与沙澧河沿河开发相协调，严格控制工业沿河发展，适当引导生产性服务业沿河集聚。

深化后的总体规划的土地使用初始方案，如图 5-5 所示。

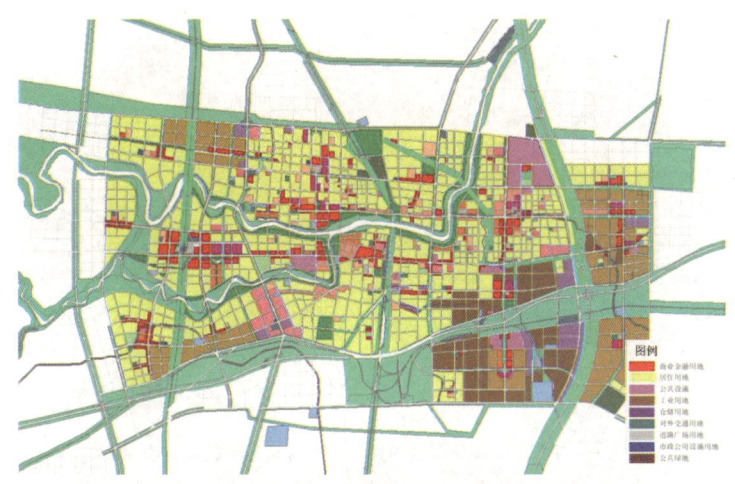

图 5-5　漯河市城市用地性质分布图

2）交通需求预测

根据初始土地使用方案居住用地的分布及交通小区边界计算各交通小区的人口数，进而得到各交通小区的人口密度，如图 5-6 所示。

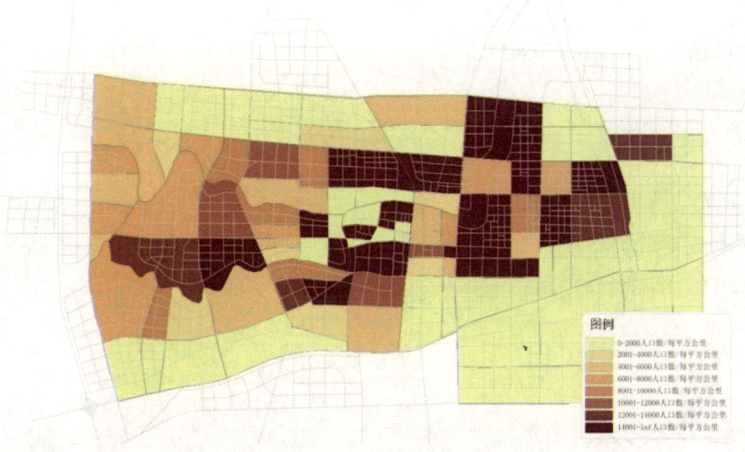

图 5-6　2030 年深化后规划用地方案各交通小区人口密度图

根据初始土地使用方案居住用地的分布及交通小区边界计算各交通小区的岗位数，进而得到各交通小区的岗位密度，如图 5-7 所示。

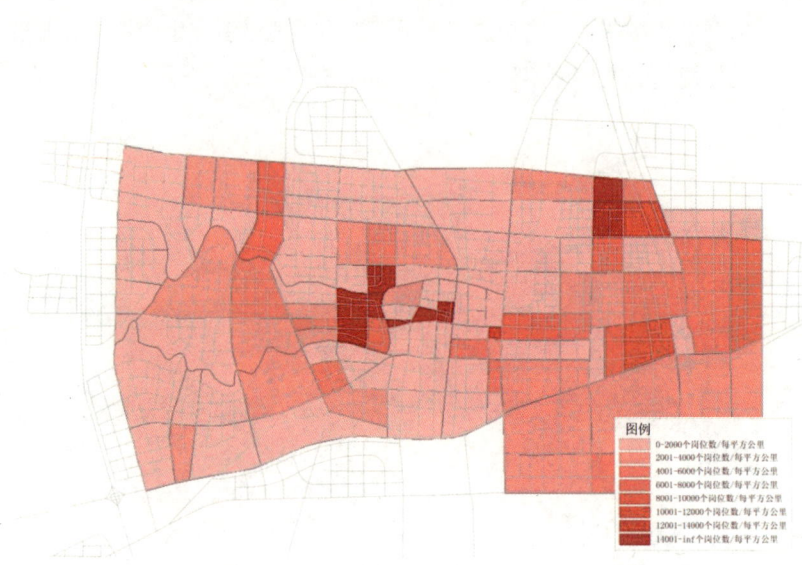

图 5-7　2030 年深化后规划用地方案各交通小区岗位密度图

（1）居民出行模型

居民出行模型分为 3 个阶段进行计算：居民出行生成、居民出行分布、居民方式划分。其中居民出行生成模型采用简单生成率法，主要考虑漯河市居民的全天出行情况，通过现状居民出行调查所得到的各交通小区居民全天产生吸引量，如图 5-8 所示，计算得到漯河市居民全天的生成率为 2.99（次/人·日），全天的吸引率为 9.35（次/人·日），并通过以下模型公式预测 2030 年土地使用方案下居民全天出行的产生量和吸引量，如图 5-8 和图 5-9 所示。

出行产生模型采用生成率法，见式 5-1。

$$P_i = 2.99 \times X_i \tag{5-1}$$

式中　P_i——i 小区出行产生量；

　　　X_i——i 小区的常住人口数。

出行吸引模型计算采用吸引率法，见式 5-2。

$$A_{ci} = 9.35 \times X_i \tag{5-2}$$

式中　A_i——i 小区出行吸引量；

　　　X_{ij}——i 小区的岗位数。

第5章 基于城市土地使用优化的交通发展政策决策支持研究

图 5-8 现状各交通小区居民全天产生吸引量图

图 5-9 2030年各交通小区居民全天产生吸引量图（人次）

居民出行生成模型计算后，出行产生总量与出行吸引总量会有一些差距，需对两部分计算结果进行总量平衡，由于出行产生模型对于出行总量有比较好的控制，故采用出行产生量的计算结果作为主要参考标准，调整出行吸引总量使得出行产生总量与出行吸引总量保持一致。

（2）枢纽点模型

枢纽点模型主要考虑漯河市主要客运枢纽对主城交通影响，枢纽点出行特征参考2030年各客运枢纽点的规划设计标准进行预测。主要客运枢纽的产生吸引情况如图 5-10 所示。

图 5-10　2030 年客运枢纽全天机动车车辆产生吸引图（车次）

（3）机动车模型

机动车模型主要是将居民出行模型、枢纽点模型中计算得到的不同方式的 OD 转化为机动车 OD，包括人车转换和机动车当量换算两部分。参考原有综合交通规划对于机动车发展态势的描述，将机动车方式分为自行车、摩托车、出租车、公交、其他客车共 5 种方式。计算得到 2030 年漯河市交通中机动车车辆全天出行车次期望及自行车全天出行车次期望，如图 5-11、图 5-12 所示。

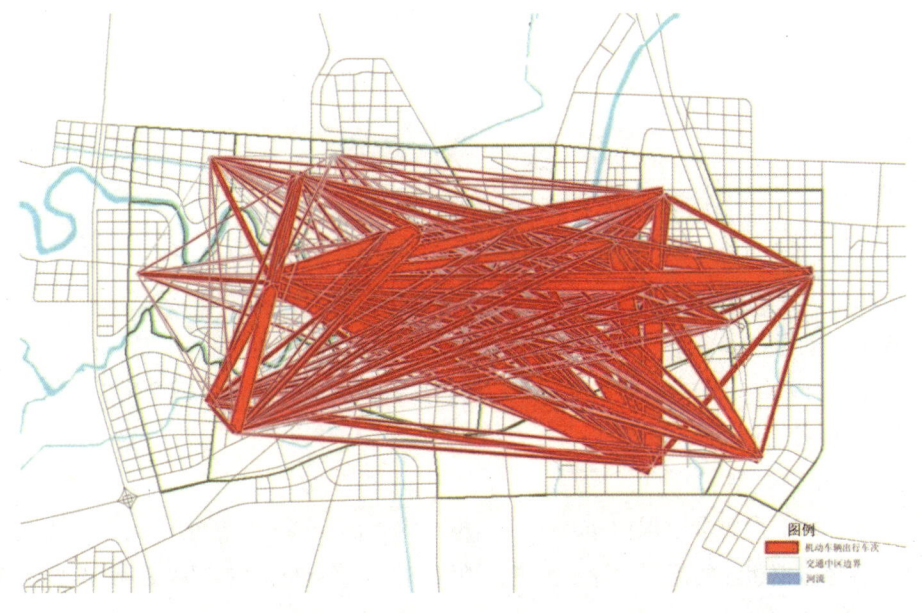

图 5-11　2030 年交通中区机动车车辆全天出行期望线图

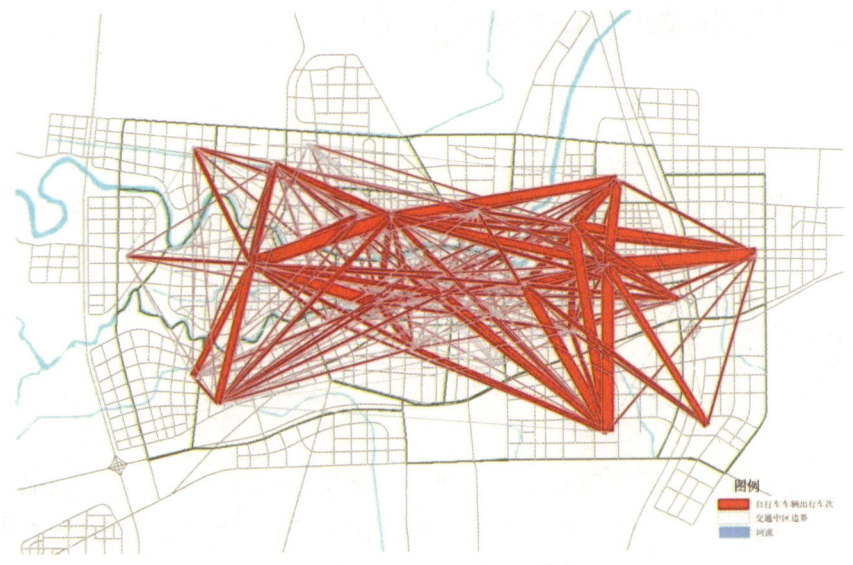

图 5-12 2030 年交通中区自行车车辆全天出行期望线图

（4）出入境模型

根据现状出入境调查数据，将出入境模型分为：主城到漯河市以外地区、漯河市以外地区到主城以及过境交通出行模型三部分。计算得到 2030 年漯河市各交通小区及外部交通小区产生、吸引量如图 5-13 所示。

图 5-13 2030 年出入境机动车全天产生吸引图（车次）

5.3 中等城市交通发展政策研究

本书所提出的"中等城市交通系统发展模式",着重指与城市空间结构、资源环境容量发展相适应的城市交通体系的总称,主要内容包括城市交通与土地使用一体化研究,资源与环境限制条件下交通发展政策研究。为了分析城市交通与土地使用布局的协调发展,首先应该针对不同的城市空间结构分析最优的交通发展政策。考虑到资源与环境约束的条件下,采取何种交通发展政策在既满足城市发展的要求下,又能够最大化地提高交通运输效率。

5.3.1 交通政策对交通模式影响分析

不同的交通政策直接影响交通模式的形式。不仅仅在中国,在国外很多国家也是通过政策实现交通模式的确定,当然政策是根据具体出行需求以及城市发展导向为依据,交通政策主要从以下两方面进行:

1)交通设施投资与建设

通过国家对交通设施投资建设的政策偏向性及建设的倾向性,可以决定城市交通发展的快慢程度和发展的主要模式。道路设施、枢纽场站、公交线路及公交车辆的配置,都需要从国家的层面制定相应的政策,保证建设投资、建设规模与力度,在交通设施建设方面是满足一个城市交通发展的关键性也是根本性要素。

2)交通运营管理

基础设施的建设是城市发展交通的保障,但是交通运营管理同样需要政策进行约束管理,无论是保证公交优先,还是发展小汽车交通。都要在相应政策的引导下,进行各种城市交通发展模式的运行。

何种交通发展政策最为适宜,我们并不能一概而论。针对城市不同特点和城市居民出行特性及其需求,研究制定适合的政策,需要从城市的交通供需平衡的角度分析评价。结合漯河市具体实例进行分析,在城市空间结构为组团状的前提下,进行交通发展政策决策支持研究。

5.3.2 政策引导下慢行交通模式

漯河市居民现状出行方式主要有步行、自行车、助动车、公交车、出租车、小汽车、摩托车、其他。从目前调查的状况看,漯河市与全国其他中等城市一样,慢行交通(步行与非机动车)是居民出行选择的主要交通方式,但公交发展速度明显落后于其他中等城市的平均水平。为了适合漯河市城市的建设和发展,并且在资源和环境的约束下,依然延续以慢行交通方式为主的城市交通发展模式,同时适度地增加公共交通出行的比例,采取以下政策引导慢行交通方式发展。

1）增加自行车专用道路，在道路条件允许的条件下建设大量的自行车专用道路，满足自行车在全市范围内通畅行驶；

2）在大型的吸引点及交通枢纽处，建立自行车停车场，满足自行车出行的停车需求；

3）在干道及快速路，交通流量较大的道路上建设人行过街设施或者设置人行过街斑马线，在重要的交叉口设置过街信号灯。

综合考虑上述各主要影响因素，以及漯河市今后具体情况的变化，并通过和国内外其他城市的比较和类比，预测到 2030 年，慢行交通模式下各种交通方式分担比如表 5-1 所示。

政策引导慢行交通模式各种交通方式分担比例　　　　　　　　　表 5-1

模式	区域	步行	自行车助动车	摩托车	公交车	出租车	小汽车	其他
慢行	中心	31%	41%	1%	15%	3%	8%	1%
	外围	28%	45%	1%	10%	4%	10%	2%

漯河市应逐步完善城市慢行系统建设，公交线网成均匀的方格网式分布，以公交线路满足城市的中长距离出行，而慢行交通满足组团内部出行需求（图 5-14）。

图 5-14　慢行交通模式下城市公交线网流量示意图

5.3.3　政策引导下小汽车交通模式

现状漯河市建设用地面积为 85.4km² 左右，城市规模比较适合步行和自行车交通。但随着今后城市规划建设用地的进一步扩大，至 2010 年城市建设用地达到 100km²，2030 年将达到 140km²，同时由于市区中心人口密度集中，至 2030 年将有大量的居民居住至中心城区以外的副中心，这样居民在市区的平均出行距离和出行时间将相应增加，促使各交通区域之间居民的中长距离出行由步行、自行车向个体交通工具转化。

另外，随着社会经济的发展，居民的人均收入和支出能力将进一步提高，对小汽车等私人交通工具的需求会日益强烈。加之国家对汽车工业的支持，小汽车生产数量的增加，质量的提高，价格的下降，都将不可避免地导致私人小汽车拥有量及其出行比例的不断增长。目前，漯河市私人小汽车的发展已经起步，预计购买的高潮将在 2030 年前后。

对于漯河市私人交通工具来说，采取适当的鼓励措施，可能在近期将会带动漯河市城市的发展和经济的迅猛增长，对于城市可能是一个较好的契机，但是我国总体的交通发展方向为公共交通为主导，所以只能适当地增加私人交通所占比例。采取以下政策引导小汽车交通方式发展。

1）调整道路等级结构，合理设置全市道路等级结构，增加快速路建设，增强市内与对外联系；

2）增加人口密集区域的道路网密度，使得全市道路网均衡发展；

3）增加小区及重要的吸引点的停车泊位数量，适当建设路外停车场。

综合考虑上述各主要影响因素，以及漯河市今后具体情况的变化，通过和国内外其他城市的比较和类比，预测到 2030 年，小汽车交通模式下各种交通方式分担比例如表 5-2 所示。

政策引导小汽车交通模式各种交通方式分担比例　　　　表 5-2

模式	区域	步行	自行车助动车	摩托车	公交车	出租车	小汽车	其他
小汽车	中心	23%	25%	1%	15%	5%	30%	1%
	外围	20%	27%	1%	10%	6%	35%	1%

适当地增加漯河市道路网建设，一方面增加道路网覆盖密度，另一方面扩宽道路横断面，使得机动车出行更加顺畅。公交线网主要在现有的基础上增加组团之间的联系主要干道，从而可以分担一部分小汽车长距离出行需求（图 5-15）。

5.3.4　政策引导下公共交通模式

预测 2030 年将有大量的居民搬至中心城区以外的副中心居住，由此居民在市区的平均出行距离和出行时间将相应增加，促使各交通区域之间居民的中长距离出行由步行、

图 5-15　小汽车交通模式下城市公交流量示意图

自行车向公交车和其他个体交通工具转化。同时个体交通工具单位运载占用的道路面积大，运输效率低下，其发展一般会受到一定的限制，尤其是摩托车的发展更会受到严格的控制。而且漯河市现有及规划的城市道路网络，尤其是市中心地区，很难适应大量小汽车的发展。

由于城市公共交通系统特有的优越性，通常会得到政府各级部门的重视，而能够在资金、用地各方面得以优先发展。因此在漯河等中等城市实施公交优先政策，提高公交服务水平，可以使以上下班为目的的出行由自行车向公交转化，老年人和儿童出行也将由步行向公交转化。

1）调整道路网结构，扩宽漯河市市内道路面积，在居民出行量较大的区域增加道路建设面积，保证公交线路可以适应客流设置。

2）增加公交线路的建设，提高公交车辆配置数量。

3）保证公交优先，提高公交的服务水平，增加公交的班次与保证公交运输线路的准点率。

4）增加公交站点建设和提供公交停靠站和相应的修理厂。

5）加强公交系统的管理，保证公共交通有序高效的运营。

6）在道路拥挤的中心城区，控制停车场的建设。

综合考虑上述各主要影响因素以及漯河市今后具体情况的变化，并通过和国内外其他城市的比较和类比，可以预见在漯河市未来的交通方式结构中，步行和自行车出行比例将不断下降；公交出行比例逐年增加。预计到 2030 年，公共交通模式下各种交通方式分担比例将如表 5-3 所示。

政策引导公共交通模式各种交通方式分担比例　　　　表 5-3

模式	区域	步行	自行车助动车	摩托车	公交车	出租车	小汽车	其他
公交	中心	28%	25%	1%	30%	4%	10%	2%
	外围	25%	26%	1%	27%	5%	14%	2%

在公共交通模式下，干线公交满足组团之间的长距离出行，常规公交满足组团内部的出行需求。要求道路网密度和公交线网密度都要增加，同时也要求增加城市内公交站点的建设。（图 5-16）

图 5-16　公共交通模式下城市公交流量示意图

5.4　基于交通可达性反馈的土地使用布局优化

在交通规划的过程中，由于城市交通对空间布局产生一定影响，为了达到城市空间布局的优化，利用交通可达性实现交通对土地使用布局的互动反馈。

5.4.1　交通可达性定义

交通可达性是反映一定区域的到达容易程度与便利程度的指标，对于可达性公式的定义并没有一致性的结论，本研究的第二阶段作为城市土地使用反馈指标的可达性，一方面反映城市职住平衡，另一方面反映交通与空间关系，可达性收敛标准 0.07。A_i 交通小区可达性公式如式 5-3 所示：

$$A_j = \frac{\sum_i e^{-\alpha(t_{ij} \times T_{ij})}}{\sum_i \sum_j e^{-\alpha(t_{ij} \times T_{ij})}} \tag{5-3}$$

式中 A_j——交通小区 j 的可达性；

t_{ij}——交通小区 i 与交通小区 j 之间的阻抗；

α——是反映距离阻抗、交通出行量影响程度的参数，通常取 2；

T_{ij}——交通小区 i 与交通小区 j 之间的出行分布量。

其中交通小区 i 与交通小区 j 之间的出行分布量 T_{ij}，通过重力模型计算得到，基本的公式如式 5-4 所示：

$$T_{ij} = P_i \times \frac{A_j \times FF_{ij}}{\sum_1^n (A_j \times FF_{ij})} \tag{5-4}$$

式中 T_{ij}——交通小区 i 与交通小区 j 之间的出行分布量；

P_i——交通小区 i 的出行产生量；

A_j——交通小区 j 的出行吸引量；

FF_{ij}——交通小区 i 与交通小区 j 之间出行阻抗因子，可定义为 $e^{-\beta(t_{ij})}$，t_{ij} 为出行距离矩阵或时间矩阵；

n——小区的数量。

5.4.2 用地布局对交通决定作用

由于用地布局决定了城市人口、就业岗位和产业布局情况，所以用地布局直接影响交通出行生成量、交通出行分布，从而影响交通流量在道路上的分配结果。

5.4.3 交通对用地布局的反作用

在用地布局确定的情况下，交通服务水平影响城市交通小区的交通可达性，而交通可达性影响城市用地开发和城市空间布局。所以当交通情况发生变化时，对城市用地布局有反作用。

总之，可达性反映的是到达区域的容易程度，所以通过城市深化空间布局以及土地使用情况，结合城市的交通供给与需求，利用交通模型进行交通分配，通过交通分配的结果计算出城市各交通小区的可达性。将可达性作为用地的分配条件输入土地使用模型，重新对空间布局及土地使用进行分配。由此多次循环迭代，实现交通系统对空间规划的反馈，达到优化用地布局的目标。

5.4.4 3种政策下基于可达性的反馈结果分析

1）基于交通可达性反馈结果分析

慢行政策情景经过 4 次计算，相对误差达到 0.0543，小汽车政策情景经过 4 次计算，相对误差达到 0.0604，公交政策情景经过 4 次计算，相对误差达到 0.0395。通过交通可达性的多次循环迭代，最后得到循环后稳定的城市土地使用方案结果，以及以用地为基础的城市交通小区人口与交通小区岗位变化结果，如表 5-4 所示。

3 种政策引导下各指标变化示意图　　　　表 5-4

	慢行交通政策	小汽车交通政策	公共交通政策
交通小区人口变化结果			
交通小区岗位变化结果			
交通小区可达性变化结果			
稳定土地使用方案结果			

2）稳定状态下土地使用方案

在综合考虑了各种影响因素后，可分析出公交政策、慢行政策、小汽车政策下研究区域各地块的吸引力大小。针对居住、商业、工业等三大类用地类型，研究区域的吸引力值的具体分布情况对比如表 5-5 所示。

3）3 种政策方案下交通系统指标结果分析

在慢行交通模式下，通过模型循环迭代计算出整个路网道路交通饱和度基本都在 1.0 以下，说明道路服务水平比较高。而且很多路段都处于 0.5 以下，道路交通流畅，运

2030 年各地块的吸引力值   表 5-5

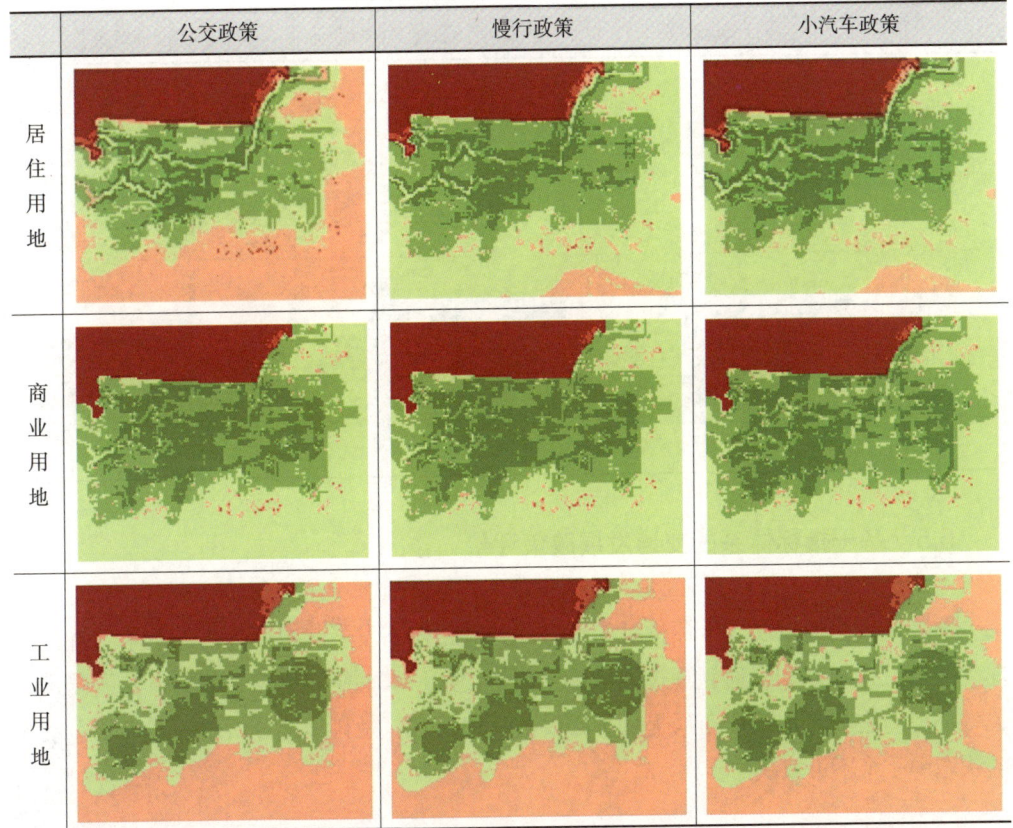

行延误较少。在慢行交通模式下，道路的车公里数中心区范围内数值较高，其中大于 50000pcu/h 的占 32%。城市道路的车公里数能够反映交通污染情况，城市车辆出行主要集中在中心城区，即中心城区是交通污染较为严重的区域。

在小汽车交通模式下，通过模型初步计算出整个路网道路交通饱和度大部分在 1.0 左右，说明道路服务水平很低。而且很多路段饱和度大于 1.0，道路交通运行困难，运行延误较大。在小汽车交通模式下，道路的车公里数中心区范围内数值较高，其中大于 12000pcu/h 的占 71%。城市道路的车公里数能够反映交通污染情况，小汽车模式下的车公里数大于慢行交通模式和公共交通模式，说明城市全区的交通污染比其他两种交通模式严重。

在公共交通模式下，通过模型计算出整个路网道路交通饱和度基本都在 1.0 以下，说明道路服务水平比较高。而且个别路段都处于 1.0 以上，整体道路交通运行较为通畅，少量路段运行延误较大。在公共交通模式下，道路的车公里数中心区范围内数值较高，其中大于 12000pcu/h 的占 48%。城市道路的车公里数能够反映交通污染情况，城市中心城区交通污染较为严重，但是相对于慢行交通模式和小汽车交通模式，交通污染情况相对有所缓解，如表 5-6 所示。

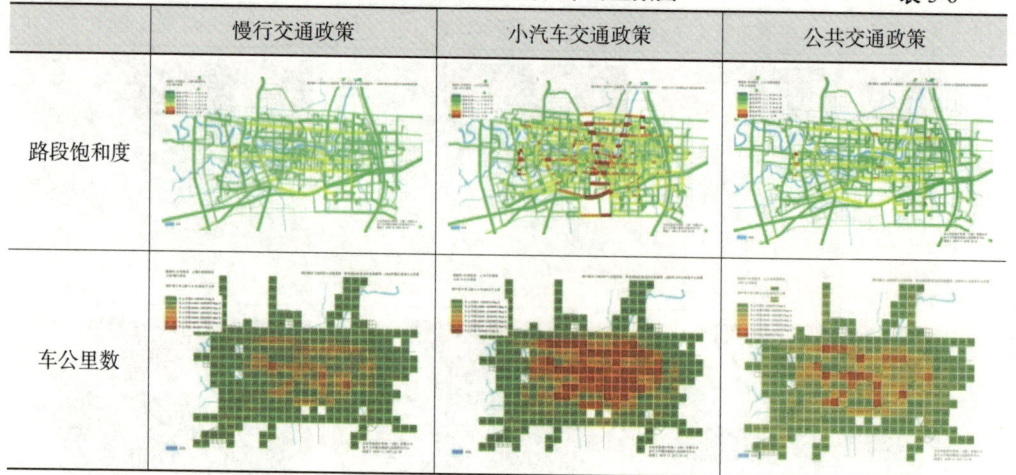

2030年3种政策下路网饱和度和车公里数图　　　　表5-6

5.5 基于指标体系的交通发展政策评价

中等城市交通发展政策评价是为综合反映交通体系发展状况所提供的技术支持，是现代城市交通规划和交通管理过程的重要环节，也是本书研究适合中等城市发展模式的关键环节，它为土地使用布局提供了必要的反馈信息，是科学地分析中等城市交通系统的状态中一个不可或缺的步骤。

5.5.1 评价目的与原则

1）评价目标

（1）优化土地使用布局

建立评价系统能为土地使用布局的优化提供依据，并且实现对用地布局的交通信息反馈。

（2）提高交通出行效率

交通发展政策以服务居民出行为基本，提高交通出行效率，满足居民的出行需求，使得整个交通系统更加高效安全运转。

（3）减少能源消耗，降低环境污染

减少能源的浪费，提高能源利用效率；减少交通废气排放，降低交通对环境的污染。

2）评价原则

城市交通政策评价既要客观反映可持续交通发展的情况，又要具有较强的实用性和政策指导性，所以应遵循以下原则：

（1）客观性原则

评价交通政策要遵循客观性原则，一方面制定指标体系要客观，真实地反映交通与城市系统的情况；另一方面评价要客观，对于不同交通政策，客观反映政策引导下模式本身的对于城市服务的优劣。

（2）完备性原则

进行交通政策评价，不仅仅要反映城市土地使用与交通之间的协调关系，同时也要考虑交通与环境、交通与能源等各方面的相关关系。

（3）可实施性原则

交通政策评价是为决策者提供交通模式方案评判的依据，只有交通评价具有可实施性才能实现其作用和效果。

5.5.2 评价流程

交通政策评价，是实现对土地使用布局优化的反馈，同时也是针对不同的用地布局进行选择最优的交通政策的方法。交通政策评价流程图见图 5-17。

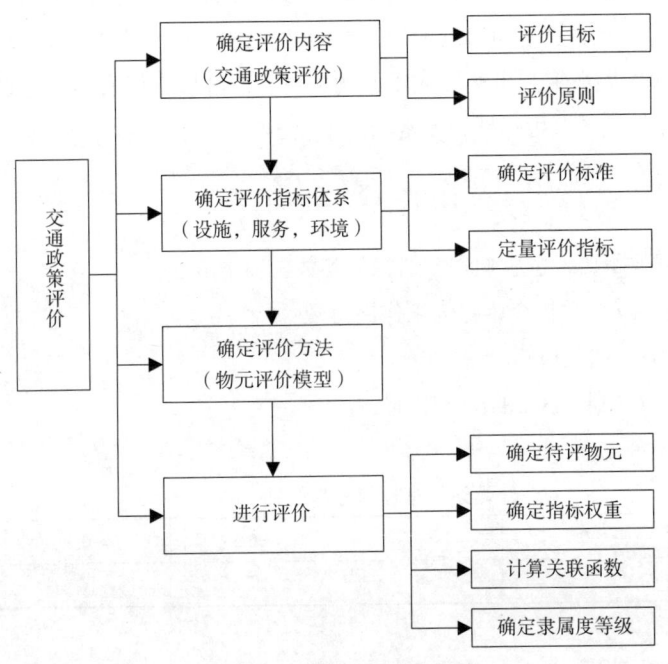

图 5-17 交通政策评价流程图

5.5.3 评价指标体系的构建

本研究选取若干个指标建立相应的评价指标体系，以期为城市空间规划与交通体系规划一体化研究建立科学合理的评价标准。在城市交通体系发展模式指标体系建立的过程中，一方面反映城市交通系统发展的综合状况，另一方面从交通系统的角度反映城市土地使用布局的合理性及对城市环境的影响（图 5-18）。

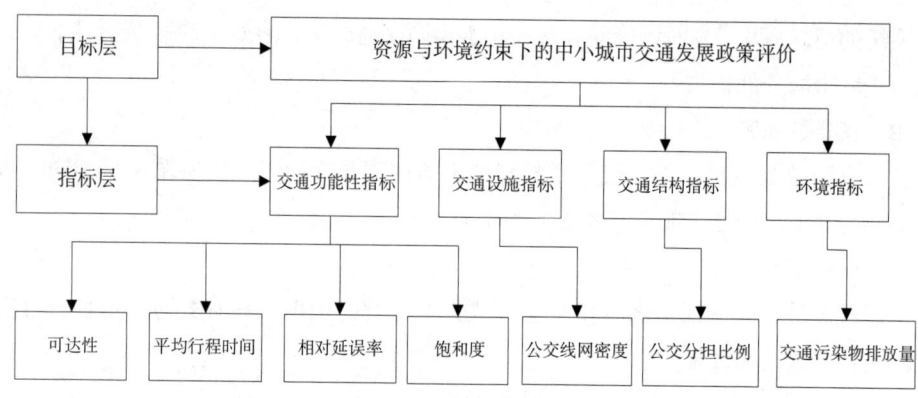

图 5-18　交通发展政策评价指标体系示意图

1）交通功能性指标

（1）可达性 I_1

交通可达性用于反映出行者利用给定的交通系统从出发地点到达活动地点的便利程度，是交通系统、土地使用和出行者相互作用的关键因素。其中，工作岗位数是表明区域的开发强度和发展水平与可达性成正比例关系，而区域人口表明交通设施的利用强度与可达性成反比例关系，可达性为无量纲值（表 5-7）。

$$可达性 = \sum_j \left(\sum_i \frac{D_j}{d_{ij}^\alpha} \bigg/ P_j \right) \quad （5-5）$$

式中　α——反映距离阻抗影响程度的指数参数，通常取 2；

D_j——小区 j 中的机会，也为工作岗位数；

P_j——小区 j 的人口；

d_{ij}——小区 i 到小区 j 的出行阻抗。

可达性指标划分等级　　表 5-7

指标值 I_1	>0.9	>0.7	>0.5	>0.3	<0.3
等级	Ⅰ	Ⅱ	Ⅲ	Ⅳ	Ⅴ

（2）平均行程速度 I_2

路段平均行程速度是评价路段通畅程度最为直观的重要指标，同时也是衡量综合交通管理对策效果及工作效果的有效指标。路段平均行程速度不考虑车辆在路段中的运行过程，但是，反映出了出行者因拥堵而实际上多耗费的时间与损失。该指标值越大，说明路段运行状况越好，道路越畅通；反之，指标值越小，说明路段拥堵程度越严重。根据评价对象为全路网的服务水平，因此对计算模型进行了调整（表 5-8）。

$$\text{平均行程速度} = \sum_j [(L_j \times N) / (\sum_{i=1}^{N} t_i)]/n \tag{5-6}$$

式中　L_j——评价第 j 条路段长度,单位:km/h;
　　　N——评价路段在评价时间里的高峰小时交通量,单位:辆/h;
　　　t_i——评价时间里,通过路段 j 的第 i 辆车所需的行程时间,单位:h;
　　　n——路网中路段总条数。

平均行程速度指标划分等级　　　　　　　　　　　　　　表 5-8

指标值 I_2	[30, 35]	[27, 30]	[24, 27]	[21, 24]	[0, 21]
等级	Ⅰ	Ⅱ	Ⅲ	Ⅳ	Ⅴ

（3）相对延误率 I_3

相对延误率指的是实际出行时间与设计出行时间之差与设计出行时间的比值,是一个无量纲的指标,可以比较不同道路条件、出行方式等之间的拥堵情况（表 5-9）。

$$\text{相对延误率} = \sum_j \frac{t_{Lj} - t_{Laj}}{t_{Laj}} \tag{5-7}$$

式中　t_{Lj}——为实际出行时间;
　　　t_{Laj}——为设计出行时间。

相对延误率指标划分等级　　　　　　　　　　　　　　表 5-9

指标值 I_3	>0.9	>0.7	>0.5	>0.3	<0.3
等级	Ⅰ	Ⅱ	Ⅲ	Ⅳ	Ⅴ

（4）饱和度 I_4

饱和度是道路实际交通流量和通行能力的比值,反映道路交通状况的一个重要指标,也是判断道路服务水平的一个重要基准。为了宏观地反映整个道路网的饱和情况,一般采用折中的平均值法,需要计算出所有路段的饱和度,然后进行平均（表 5-10）。

$$\text{饱和度} = V/C \tag{5-8}$$

式中　V——各路段实际的交通流量;
　　　C——各道路的设计通行能力。

饱和度指标划分等级　　　　　　　　　　　　　　表 5-10

指标值 I_4	>0.9	>0.7	>0.5	>0.3	<0.3
等级	Ⅰ	Ⅱ	Ⅲ	Ⅳ	Ⅴ

2）交通设施指标

·公交线网密度 I_5

公交线路网密度是指在单位城市用地面积内有公交线路通过的街道的长度。该指标是用来衡量城市居民接近公交线网程度的一个重要指标，计算方法是区域 i 内的公交线路长度除以区域的面积（表5-11）。

$$公交线网密度 = \frac{l_i}{S_i} \quad (5-9)$$

式中　l_i——为区域 i 内的公交线路长度；

　　　S_i——为区域 i 的用地面积。

公交线网密度指标划分等级　　表5-11

指标值 I_5	>4km/km²	>3km/km²	>2km/km²	>1km/km²	<1km/km²
等级	I	II	III	IV	V

3）交通出行结构指标

·公交分担比例 I_6

公交分担比例是反映城市交通出行结构的指标，是城市居民出行选择交通方式的比例，其数值的大小表明城市的主要交通方式和交通发展的主要模式（表5-12）。

$$公交分担比例 = \frac{n_i}{N} \quad (5-10)$$

式中　n_i——为区域 i 内的居民以公交为出行方式的次数；

　　　N——为区域 i 内居民总的出行次数。

公交分担比例指标划分等级　　表5-12

指标值 I_6	[25, 35]	[15, 25]	[9, 15]	[6, 9]	[0, 6]
等级	I	II	III	IV	V

4）环境影响指标

·交通污染物排放量 I_7

交通污染物排放量是反映城市交通系统中交通工具的尾气排放量指标，能够表示交通系统对于城市环境的污染情况（表5-13，表5-14）。

$$交通排放量\ Q = \left(\sum_j \frac{\sum_i P_{i,j} \times M_i \times EF_{i,j}}{\omega \times V_j} \right) / \sum L_j \quad (5-11)$$

式中　$P_{i,j}$——为第 i 种车辆路段 j 内流量；

M_i——为第 i 种车年平均行驶里程；

$EF_{i,j}$——为第 i 种车在路段 j 内的污染物排放因子，g/（km·辆）；

V_j——为 j 路段的平均行程速度；

L_j——为 j 路段的长度；

ω——速度修正因子。

各种交通方式标准化系数及排放因子换算表　　　　表 5-13

车种类型（pcu）	公交车	出租车	摩托车	小汽车	货车
当量小汽车换算系数	2.5	1	0.4	1	3
分车型年平均行驶里程（104km）	6.00	4.00	1.00	4.00	4.50
污染物排放因子（g/km·辆）	1.42	1.39	5.15	1.36	1.58

交通污染物排放量指标划分等级　　　　表 5-14

指标值 I_7	<1kg/km·h	<2kg/km·h	<3kg/km·h	<4kg/km·h	>4kg/km·h
等级	Ⅰ	Ⅱ	Ⅲ	Ⅳ	Ⅴ

5）评价指标计算

通过四步骤模型对预测交通流量分配到规划路网上，根据模型输出数据计算各指标的具体数值如表 5-15 所示。

各种交通评价指标的计算值　　　　表 5-15

交通模式	慢行交通为主导	小汽车为主导	公共交通为主导
可达性 I_1	0.884	0.855	0.879
平均行程速度 I_2	36.88km/h	35.69km/h	36.76km/h
相对延误率 I_3	0.023149	0.09427	0.028584
饱和度 I_4	0.302	0.467	0.329
公交线网密度 I_5	3.5km/km²	3.5km/km²	3.5km/km²
公交分担比例 I_6	0.24	0.16	0.36
交通污染物排放量 I_7	1.43kg/km·h	3.75kg/km·h	2.93kg/km·h

如图 5-19 所示，3 种政策引导的交通模式各项指标值存在差异，其中对于慢行交通可达性、平均行程速度与小汽车模式和公共交通模式基本相似，但是在相对延误率、饱和度和交通污染物排放量等方面远远好于另外两种交通模式。公共交通模式在饱和度上与慢行交通模式基本相似，但是其他几个指标介于慢行交通模式和小汽车交通模式之间。而小汽车交通模式相对延误率、饱和度和交通污染物排放量方面要大于慢行

交通模式和公共交通模式，通过图可以比较直观地比较出小汽车交通模式较差，慢行交通模式较优。

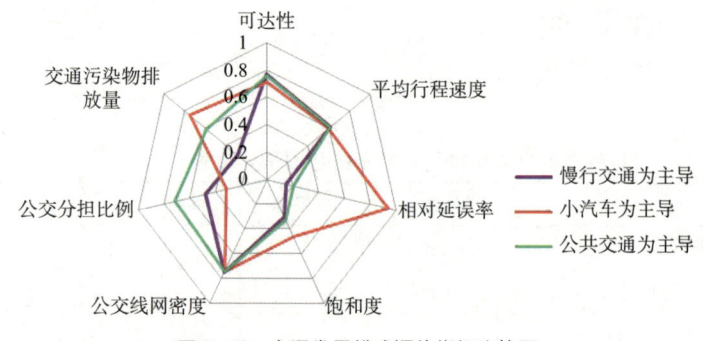

图 5-19 交通发展模式评价指标比较图

5.5.4 基于物元模型的评价方法

在定量综合评价研究中，主要方法有 AHP、DEA、灰色聚类分析法、模糊理论、因子分析法等方法。但以上方法对于城市交通评价等级及因素辨析而言，并不能够提出科学、全面的评价。在物元模型评价中以关联函数理论为基础而创立的多指标综合评价方法，是一种多元数据量化决策的一种新方法。利用多指标物元模型综合评价方法，可以建立多指标各自性能参数的质量等级，将多目标评价归结为单目标决策，并能以定量的数值简洁明确地表示综合评价结果。本书利用多指标物元综合评价方法，对多个影响因子逐个进行等级划分，每个指标都有自己的优劣等级，然后对待评物元的真实值进行综合关联度的计算，给出定量的数值评定结果，直观全面地衡量一个城市的交通发展政策的优劣。

1) 各指标无量纲化

由于评价指标的量纲各不相同，需进行无量纲化处理，以便下文综合评价结果具有可比性，一般采用的方法是令 $\max_j\{\lambda_{ij}\}=1$，$\min_j\{\lambda_{ij}\}=0$，其他值则取相应的线性函数（表 5-16）。

各种交通评价指标的无量纲值　　　　　表 5-16

交通模式	慢行交通为主导	小汽车为主导	公共交通为主导
可达性 I_1	0.768	0.710	0.758
平均行程速度 I_2	0.615	0.595	0.613
相对延误率 I_3	0.146	0.936	0.206
饱和度 I_4	0.302	0.467	0.329
公交线网密度 I_5	0.750	0.750	0.750
公交分担比例 I_6	0.480	0.320	0.720
交通污染物排放量 I_7	0.286	0.750	0.586

2）各指标等级标准的确定

通过各指标无量纲化后的数值范围结合实际取值区间，然后将各指标进行等级划分，如表 5-17 所示。

交通模式评价交通影响程度各指标分级　　　　　　　　表 5-17

指标	VI	V	IV	III	II	I
I_1	[0.36, 0.44]	[0.44, 0.53]	[0.53, 0.62]	[0.62, 0.71]	[0.71, 0.80]	[0.80, 0.88]
I_2	[0.30, 0.38]	[0.38, 0.47]	[0.47, 0.55]	[0.55, 0.64]	[0.64, 0.72]	[0.72, 0.81]
I_3	[0.82, 0.97]	[0.82, 0.67]	[0.52, 0.67]	[0.37, 0.52]	[0.22, 0.37]	[0.07, 0.22]
I_4	[0.64, 0.73]	[0.54, 0.64]	[0.45, 0.54]	[0.35, 0.45]	[0.25, 0.35]	[0.15, 0.25]
I_5	[0.38, 0.46]	[0.46, 0.54]	[0.54, 0.62]	[0.62, 0.71]	[0.71, 0.79]	[0.79, 0.88]
I_6	[0.16, 0.28]	[0.28, 0.39]	[0.39, 0.51]	[0.51, 0.63]	[0.63, 0.74]	[0.74, 0.86]
I_7	[0.76, 0.88]	[0.63, 0.76]	[0.51, 0.63]	[0.39, 0.51]	[0.27, 0.39]	[0.14, 0.27]

3）确定经典物元矩阵与节域物元矩阵

对于每个评价指标，列出经典域的量值范围，得到如下经典物元矩阵：

$$R_1 = \begin{bmatrix} & I_1 & [0.36, 0.44] \\ & I_2 & [0.30, 0.38] \\ & I_3 & [0.82, 0.97] \\ \text{I} & I_4 & [0.64, 0.73] \\ & I_5 & [0.38, 0.46] \\ & I_6 & [0.16, 0.28] \\ & I_7 & [0.76, 0.88] \end{bmatrix}, R_2 = \begin{bmatrix} & I_1 & [0.44, 0.53] \\ & I_2 & [0.38, 0.47] \\ & I_3 & [0.82, 0.67] \\ \text{II} & I_4 & [0.54, 0.64] \\ & I_5 & [0.46, 0.54] \\ & I_6 & [0.28, 0.39] \\ & I_7 & [0.63, 0.76] \end{bmatrix}, R_3 = \begin{bmatrix} & I_1 & [0.53, 0.62] \\ & I_2 & [0.47, 0.55] \\ & I_3 & [0.52, 0.67] \\ \text{III} & I_4 & [0.45, 0.54] \\ & I_5 & [0.54, 0.62] \\ & I_6 & [0.39, 0.51] \\ & I_7 & [0.51, 0.63] \end{bmatrix}$$

$$R_4 = \begin{bmatrix} & I_1 & [0.62, 0.71] \\ & I_2 & [0.55, 0.64] \\ & I_3 & [0.37, 0.52] \\ \text{IV} & I_4 & [0.35, 0.45] \\ & I_5 & [0.62, 0.71] \\ & I_6 & [0.51, 0.63] \\ & I_7 & [0.39, 0.51] \end{bmatrix}, R_5 = \begin{bmatrix} & I_1 & [0.71, 0.80] \\ & I_2 & [0.64, 0.72] \\ & I_3 & [0.22, 0.37] \\ \text{V} & I_4 & [0.25, 0.35] \\ & I_5 & [0.71, 0.79] \\ & I_6 & [0.63, 0.74] \\ & I_7 & [0.27, 0.39] \end{bmatrix}, R_6 = \begin{bmatrix} & I_1 & [0.80, 0.88] \\ & I_2 & [0.72, 0.81] \\ & I_3 & [0.07, 0.22] \\ \text{VI} & I_4 & [0.15, 0.25] \\ & I_5 & [0.79, 0.88] \\ & I_6 & [0.74, 0.86] \\ & I_7 & [0.14, 0.27] \end{bmatrix}$$

根据确定节域物元矩阵的方法，其每一个特征的量值范围就是该特征量能够取得的最大值和最小值，即值域。各指标的节域物元矩阵如表 5-18 所示。

各指标的节域物元矩阵 表 5-18

指标	I_1	I_2	I_3	I_4	I_5	I_6	I_7
值域	0.36 ~ 0.88	0.30 ~ 0.81	0.07 ~ 0.97	0.15 ~ 0.73	0.38 ~ 0.88	0.16 ~ 0.86	0.14 ~ 0.88

4）确定待评物元

结合本书对于 3 种交通发展模式的交通功能性指标，交通设施指标，交通出行结构指标，环境影响指标等指标计算值，得到待评物元矩阵 R 为：

$$R = \begin{bmatrix} 指标 & 慢行模式 & 小汽车模式 & 公交模式 \\ I_1 & 0.768 & 0.710 & 0.758 \\ I_2 & 0.615 & 0.595 & 0.613 \\ I_3 & 0.146 & 0.936 & 0.206 \\ I_4 & 0.302 & 0.467 & 0.329 \\ I_5 & 0.750 & 0.750 & 0.750 \\ I_6 & 0.480 & 0.320 & 0.720 \\ I_7 & 0.286 & 0.750 & 0.586 \end{bmatrix}$$

5）计算各指标权重

在评价指标体系中，指标与指标之间不是等价的，其对城市交通系统的影响程度也是有差异的，而且各指标的量纲又各不相同。因此，必须对各指标在综合指标体系中所处的地位做出科学合理的判断，也就是确定各指标在城市交通系统影响因素中的权重。本书采用层次分析法对于城市交通评价指标的权重的确定（表 5-19）。

层次分析法计算各指标权重 表 5-19

指标	I_1	I_2	I_3	I_4	I_5	I_6	I_7	ω_i	一致性检验
I_1	1	1	2	1/3	1	1/4	2	0.26	
I_2	1	1	1	1	3	2	1/3	0.09	
I_3	1/2	1	1	1/2	2	1/4	1/2	0.05	CR ≤ 0.01，已经达到一致性
I_4	3	1	2	1	2	1/3	2	0.16	
I_5	1	1/3	1/2	1/2	1	1	2	0.28	
I_6	4	1/2	4	3	1	1	2	0.08	
I_7	1/2	3	2	1/2	1/2	1/2	1	0.08	

5.5.5 评价结果

通过分别对 3 种交通模式中各指标 I_i 关于等级 j 的关联度 $K_j(X_i)$ 的计算，再根据公式 $K_j(M) = \sum_{i=1}^{n} \omega_i X_j(x_i)$ 计算出 3 种模式的各个影响等级的关联度 $K_j(M)$（$j = 1, 2, \cdots, 7$），计算结果如表 5-20 所示。

综合评价等级表　　　　　　　　　　　表 5-20

模式 M	K_1	K_2	K_3	K_4	K_5	K_6	MaxK_i	K
慢行交通模式	0.25	1.07	0.09	0.99	0.21	0.38	1.07	Ⅱ
小汽车交通模式	0.13	0.29	0.66	0.54	0.52	0.31	0.66	Ⅲ
公共交通模式	0.56	0.23	0.89	0.25	0.68	0.77	0.89	Ⅲ

根据综合评价指标与几个重要考核指标值的结果，将交通模式的服务特性分为 7 个等级，相应的特征描述如表 5-21 所示。

交通模式评价分级表　　　　　　　　　　　表 5-21

模式等级	指标等级				描述
	K	I_1	I_3	I_4	I_7	
A	Ⅰ	Ⅰ	Ⅰ	Ⅰ	Ⅰ	交通服务水平优，可达性好，相对延误小，交通污染排放少，交通适合城市发展
B	Ⅰ	Ⅰ	>Ⅱ	>Ⅱ	>Ⅱ	交通服务水平优，可达性好，相对延误较小，交通污染排放较少，交通较适合城市发展
C	Ⅱ	>Ⅱ	Ⅱ	>Ⅱ	Ⅱ	交通服务水平优，可达性较好，相对延误小，交通污染排放稍大，交通较适合城市发展
D	Ⅲ	Ⅲ	>Ⅲ	>Ⅲ	>Ⅲ	交通服务水平中等，可达性一般，相对延误大，交通污染排放稍大，交通较适合城市发展
E	>Ⅳ	Ⅳ	>Ⅳ	>Ⅳ	Ⅳ	交通服务水平较差，可达性较差，相对延误较小，交通污染排放较大，交通不太适合城市发展
F	>Ⅴ	Ⅴ	Ⅴ	Ⅴ	Ⅴ	交通服务水平差，可达性差，相对延误大，交通污染排放大，交通不适合城市发展
G	>Ⅵ	>Ⅵ	>Ⅵ	>Ⅵ	>Ⅵ	交通服务水平非常差，可达性差，相对延误大，交通污染排放大，交通完全不适合城市发展

通过比较得出，漯河市适合的城市交通发展模式为慢行交通模式，其中慢行交通模式对于漯河的交通服务水平优，可达性好，相对延误较小，交通污染排放较少，交通模式较适合城市发展（表 5-22）。

漯河市交通模式比较表　　　　　　　　　　　表 5-22

模式	小汽车交通模式	公共交通模式	慢行交通模式
等级	G	E	B

通过比较得出，漯河市适合的城市交通发展模式为慢行交通模式，其中慢行交通模式对于漯河市的交通服务水平优，可达性好，相对延误较小，交通污染排放较少，交通

模式较适合城市发展。

5.6 基于土地使用优化的交通发展模式政策分析

5.6.1 慢行交通模式对于中等城市适宜性分析

慢行交通模式对于中等城市的发展发挥着积极的作用。在中国现阶段，大城市无论城市发展还是交通发展都已经接近成熟，对于城市内部的交通问题只能进行缓解，而要想完全从根本上解决交通问题是不现实的。但是中等城市正处于高速发展的时期，一方面可以借鉴大城市发展经验，另一方面中等城市的规模较小，人口较少，城市发展速度相对较为缓慢，城市交通冲突并不明显。所以需要且有必要我们以前瞻性、发展的眼光来规划中等城市适宜的发展模式，在上文中总结国内外交通发展模式主要分为小汽车模式，公共交通模式和慢行交通模式3种。对3种发展模式分别进行了分析，并且结合实例进行了研究。在研究比较的过程中发现，对于中国的中等城市最适宜的是慢行交通发展模式。以下从3个方面对慢行交通发展模式适宜中等城市发展的特征进行分析：

1）慢行交通发展模式以慢行交通工具为主，慢行交通工具出行灵活方便适宜中小城市居民短距离多，出行次数多的特点；

2）慢行交通发展模式以公共交通工具为辅助，公共交通工具出行低污染，高效率运行符合中国城市低碳发展与可持续发展的理念；

3）慢行交通发展模式适度发展小汽车交通，在城市经济发展的前提下，小汽车发展是居民出行选择的必然趋势，城市小汽车发展的同时也将反过来带动城市经济和城市规模的进一步发展。

综上分析，城市交通发展模式不能受限于以公共交通为主，同时要考虑到城市的交通出行特性和城市经济发展的需求，制定适合中国中等城市发展的交通发展模式。

5.6.2 基于慢行交通发展模式的政策及措施

针对漯河城市交通发展特点，制定相应的引导政策，使得城市交通发展有利于资源与环境的限制，同时能够满足城市土地使用布局优化的需要。在满足中等城市居民出行需求的基础上，带动城市优化发展。以下给出中等城市慢行交通模式发展政策意见：

1）慢行交通发展政策

（1）提倡交通模式发展应以慢行交通为主要模式；

（2）为自行车交通储备必要的空间，为建设自行车专用道路和自行车停车设施留出土地；

（3）建设自行车专用道，科学解决主要路口自行车与汽车的冲突、自行车与公共交通的换乘、自行车停车场建设等；

（4）在大型的吸引点及交通枢纽处，建立自行车停车场，满足自行车出行的停车需求；

（5）在干道及快速路等交通流量较大的道路上建设人行过街设施或者设置人行过街斑马线，在重要的交叉口设置过街信号灯；

（6）充分发挥自行车交通在短距离出行中的作用，规范自行车交通的发展，将自行车交通作为未来城市客运交通体系的有机组成予以综合考虑。

2）公共交通发展政策

（1）适当发展公共交通，满足长距离出行需求；

（2）保证主要道路公共交通优先通行权，强调城市空间公平合理的利用；

（3）加大公交的发展投资力度，保证公共交通在基础设施及交通工具上都能满足公交出行者的需要，因为对于小汽车和自行车，公交是占用道路资源最低的交通工具；

（4）减免公共交通的税收，因为公共交通是公益性企业，不应把它作为普通的企业看待，适当地对公交运营中出现的亏损都合理给予补贴；

（5）增加公共停车场建设，但应分散布置，规模不宜过大。

3）小汽车发展政策

（1）完善现有路网，改建现有道路，提高现有道路通行能力；从系统的角度考虑，新建道路，形成结构合理的干道网，提高道路利用率，支持城市拓展。

（2）在主干道实施机非分流、人车分流的方针。

（3）大型交叉口应按车流实际情况渠化交通，合理设计交叉口和优化信号配时。

（4）根据车辆发展，分期划定禁止大型货车进入市中心区的时间和范围。

（5）征收高额使用税，通过税收形式增加的使用成本，使慢行交通和公共交通的优势突现出来，抑制小汽车的发展。但我国已经明确将汽车工业作为国民经济的支柱产业，所以严格限制小汽车拥有量不利于这一产业政策的实施。因此，有必要将小汽车的拥有和使用区分开来，将重点放在对使用的限制，而不是对拥有的限制。

（6）根据中等城市的实际情况，制定停车配建标准和管理条例，严格按法规执行。

（7）市区路边停车应综合考虑干道性质和交通流量，确定城市停车管理层次。

第 6 章 LUTIPSS：基于 GIS 的土地使用和交通一体化规划决策支持系统

6.1 概述

土地使用和交通一体化规划研究可以追溯到 20 世纪 60 年代的劳瑞模型（Lowry，1967），通过应用系统科学、数理和计算机技术，建立在城市经济学、地理学、交通和城市规划研究的整合成果之上。Waddel（2002，2011）引入了 UrbanSim，一个能够对土地使用、交通和环境规划产生的问题做出响应的土地使用模型，并将此系统应用到俄勒冈州 Eugene-Springfield 的案例中，随后很多城市和大都市规划组织采用此系统，作为可持续土地使用和交通规划的一个工具。Johnston 等（2004）开了基于 GIS 的 UPlan 土地使用分配模型来预测未来的土地使用。Ferreira 等（2010）报告了历经数年开发的全加州范围的土地使用和交通一体化模型 PECAS 以及敏感性测试的初步结果。Miller 等（2011）基于 ILUTE 模型对土地使用模型的合理性进行了讨论，该系统是一个针对大多伦多 - 汉密尔顿地区基于 agent 的微观仿真模型。

规划支持系统（Planning Support System，PSS）基于 GIS 技术辅助决策者分析空间数据，具有核心的决策模型。PSS 最初由 Harris（1989）提出，自 20 世纪 90 年代开始引起广泛关注。（Harris，1993；Klosterman 1997，1999；Brail & Klosterman，2001；Geertman & Stillwell，2003，2009；Brail，2008；Klosterman，2008；Placeways LCC，2015）。相比 GIS 而言，PSS 更具专业性，强调特定的规划任务，支持战略决策，可以较好服务于城市规划的整个过程。

在我国目前的城市政府职能设置中，土地使用规划和交通规划分属不同的职能部门管理，缺乏有效的协调。住房和城乡建设部（2010）于 2010 年 2 月颁布的《城市综合交通体系规划编制办法》中明确提出城市综合交通体系规划应当与城市总体规划同步编制，相互反馈和协调，为进一步推动土地使用和交通一体化规划提供了有力的政策支持。同时，对于大多数政府财力有限的中等城市来说，基于政策决策过程的决策辅助系统是较好的选择。

考虑以上原因，我们开发了包含土地使用和交通组件在内的土地使用与交通一体化规划支持系统（Land Use and Transportation Integration Planning Support System，简称 LUTIPSS）。本章将对其系统结构、功能及其在漯河市总体规划中的应用进行讨论。

6.2 LUTIPSS 系统组件

LUTIPSS 的主要开发工具为 Visual Studio 2010，主要开发语言和环境为 .NET，ArcGIS Engine 10.0。系统包括 3 个模块，地图操作模块、空间规划模块和交通规划模型。3 个模块的输入和输出均储存在地理数据库中，且在地理数据库中完成数据交换。

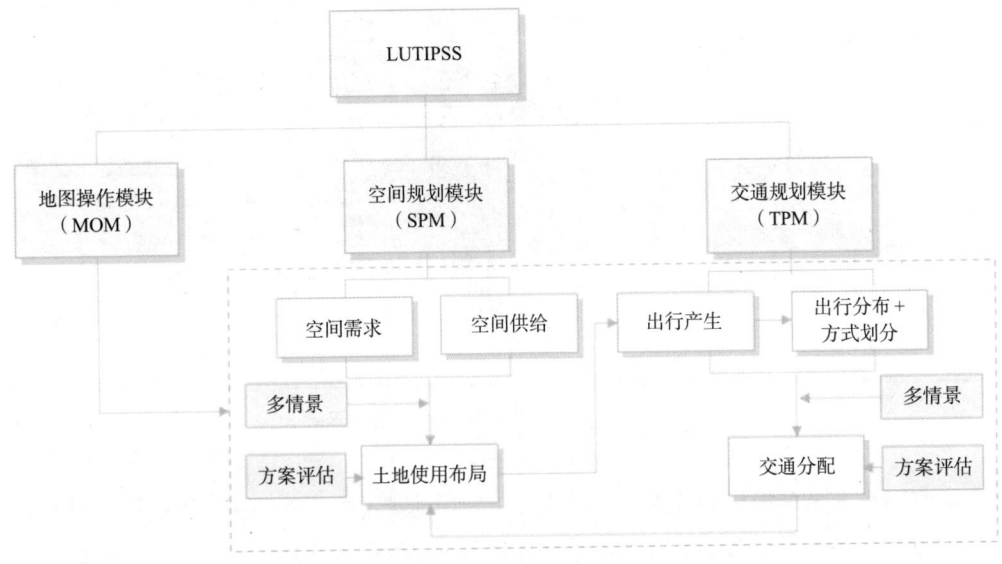

图 6-1　LUTIPSS 模块框架

6.2.1　地图操作模块

地图操作模块提供了文件操作、基础地图工具、查询工具、图层操作等 ArcGIS 拥有的功能。

文件操作可以加载 Shp 文件、保存规划的结果为项目文档（Mxd），也可以打开之前保存的项目重新修改。基础的地图工具提供了 GIS 常见的导航工具，如平移、放大、缩小、前一视图、后一视图、全图、测量工具（距离、面积）。查询工具支持地图交互查询（点选、多边形选择、圆形选择），还支持高级查询，用户可以设置复杂的条件组合来查询符合条件的对象，比如在等高线图层中查询高度在 100～120m 之间的等高线。图层操作可以用列表的方式查看图层所有属性信息，并且提供图层的符号化工具，目前版本支持单一符号和分级颜色两种渲染方式，分级颜色渲染可以选择分级的字段、分类的方法和色带。

6.2.2　空间规划模块

空间规划模块提供了创建格网、格网调整、规划需求、规划供给、规划分配等功能。创建格网工具可以根据规划的城市边界，创建用于规划分析的矢量格网，作为规划分析的基础单元。格网的大小可以灵活设置,系统目前提供 200m,500m,1000m 和 1500m 4 种尺度的选择。格网调整允许设置不参与分配的地区,如生态用地和水域等禁建区。如此,也可以根据规划需要,划定分配的区域,如城市新区等(图 6-2)。

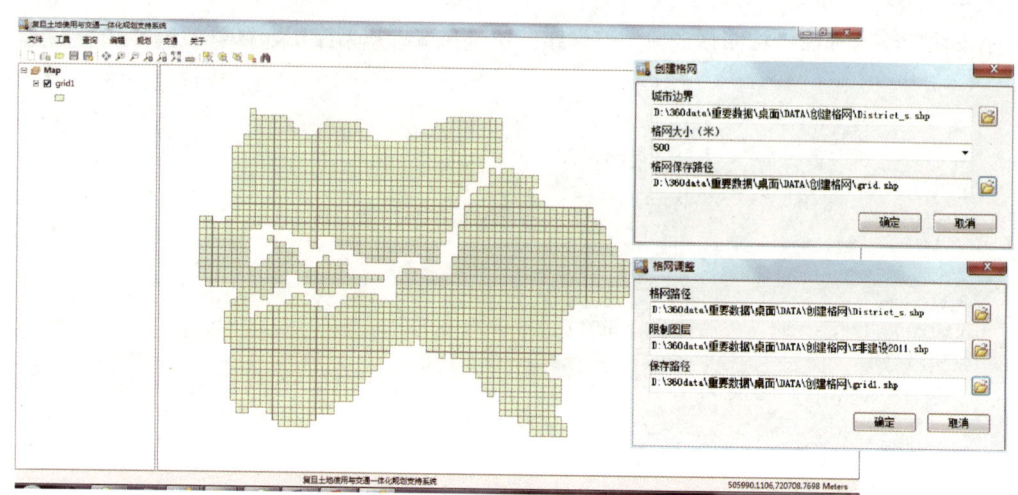

图 6-2 创建网格和格网调整功能的用户界面

规划需求,是根据规划的人口,计算每一种用地类型所需的面积。系统可以根据输入的每种用地类型单位(km²/万人)计算规划的人口对应的用地需求(km²),计算的结果可以保存为 XML 配置文件,作为规划分配的输入(图 6-3,图 6-4)。

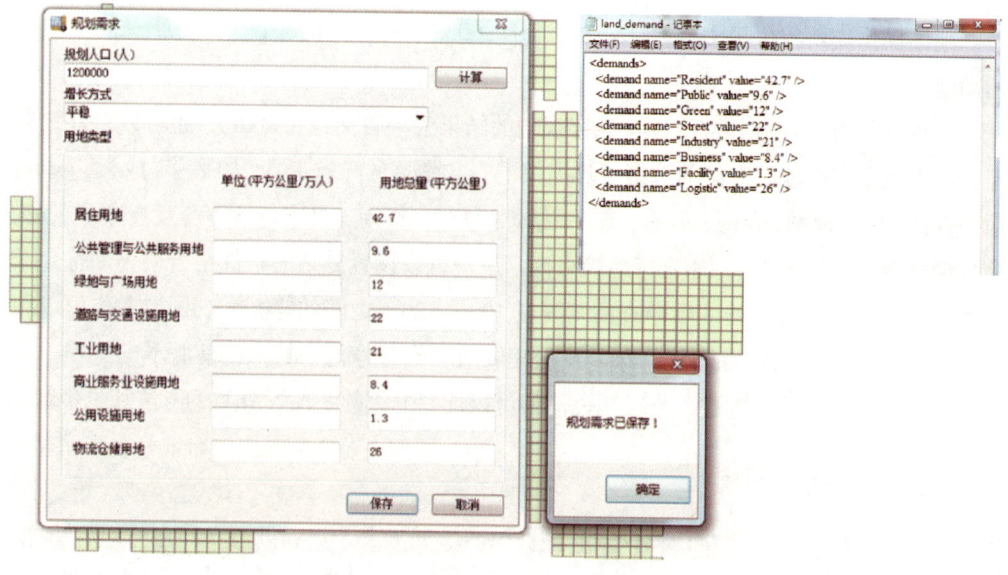

图 6-3 空间需求和保存为 XML 文件功能的用户界面

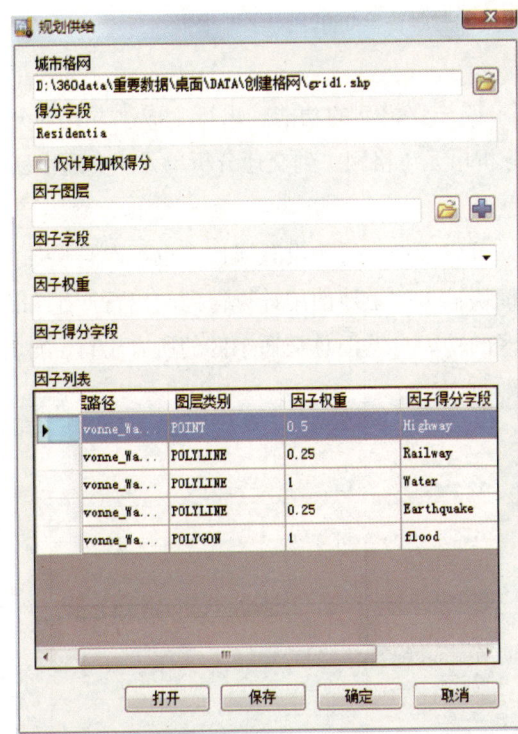
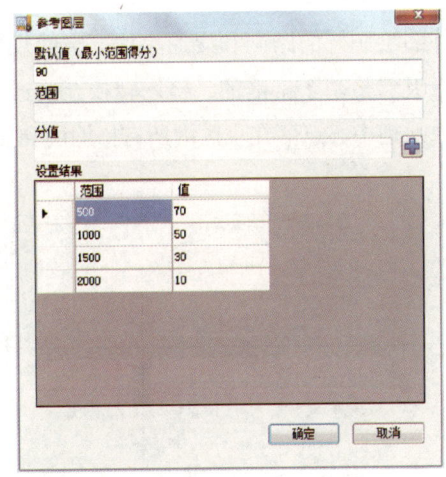

图 6-4 空间供给的用户界面

规划供给是基于创建的格网图层以及因子数据进行土地适宜性评价。规划供给提供了灵活的方式，支持添加多个因子数据，并对不同因子设置权重。因子数据计算的依据，对于点图层因子数据，以格网与点的距离作为得分依据；对于线图层或面图层则以离格网最近的对象指定字段值作为得分依据；规划供给工具提供得分赋值模块；比如<1000m 给 100 分，1000～2000m 给 90 分，2000～3000m 给 80 分。系统根据设置的权重以及得分依据计算每一个格网在每一因子的得分，以及所有的加权得分。最终加权得分的结果作为规划分配的依据。规划供给设置的因子数据、因子权重、因子得分依据都可以保存为 XML 配置文件。

规划分配基于规划需求、规划供给的结果将格网单元分配给不同的用地类型。系统对格网单元根据规划供给（土地适宜性评价）加权得分的结果由高到低排序，结合设置的不同用地类型的分配顺序（规划分配工具可以调整用地类型分配顺序），将排序后的格网单元分配给不同用地类型（图 6-5）。

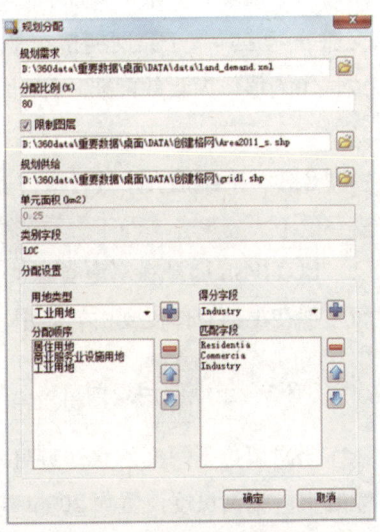

图 6-5 空间分配的用户界面

6.2.3 交通规划模块

交通规划模块主要包括传统的交通需求四步骤模型的功能、出行生成、方式划分、出行分布和交通分配。同时，也包括规划分析单元（格网）到交通分析单元（交通小区）的转换功能，以及生成 OD 期望线的功能。

模块提供绘制路网和交通小区的功能，可以添加字段、设置属性。也可以直接加载外部绘制好的路网和交通小区。空间规划模块输出的土地使用计算得到的出行产生和出行吸引是基于格网的，格网转换至交通小区的功能自动汇总交通小区的所有出行，计算规则是中心点落在小区内所有格网的和（图6-6）。

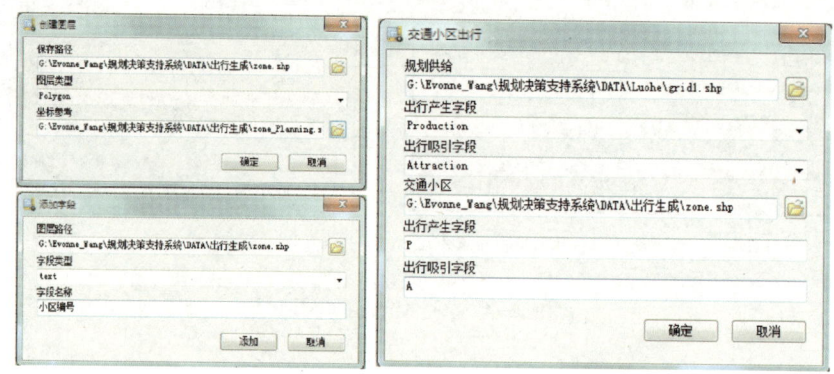

图 6-6 创建图层（路网、交通小区）和格网转交通小区的功能界面

应用重力模型，该模块可以计算出出行阻抗，方式划分在出行分布中一起考虑，对不同的交通发展情景，设置不同的交通方式比例。出行阻抗和 OD 可以存储为 CSV 文件。交通分配工具基于路网拥挤水平，将车流量分配到路网上。用户可以设置最大迭代次数或迭代阈值作为收敛标准。分配结果可以以 shape 文件、表格和图表展示（图 6-7）。

6.3 系统应用

LUTIPSS 已经在河南省漯河市和南阳市的总体规划中得到应用。鉴于相似性，本书仅呈现在漯河总体规划中的应用。

6.3.1 土地使用规划草案

漯河市位于河南省，2011 年中心城区的人口为 74 万，2030 年规划人口超过 100 万。系统中，格网尺度设置为 200m×200m。到 2030 年，规划分析了 3 种城市空间发展情景：维持现状（LU1），单中心（LU2）以及多中心（LU3）。

第6章 LUTIPSS：基于GIS的土地使用和交通一体化规划决策支持系统

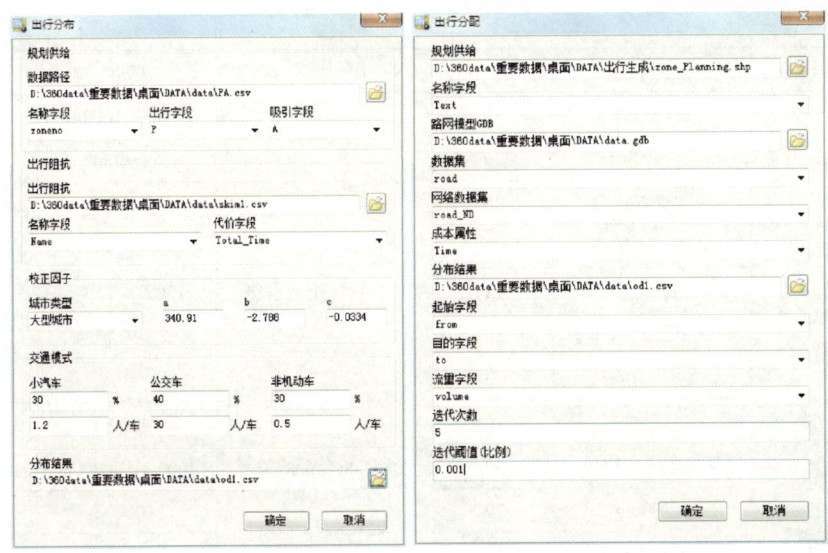

图 6-7 出行分布和交通分配的用户界面

- LU1：维持现状发展政策。该情景的核心原则是让市场来主导城市发展的空间资源配置。
- LU2：单中心发展政策。该情景的核心原则是进一步集聚城市空间资源，形成一个强有力的城市中心，从而带动周边区域发展。
- LU3：多中心发展政策。该情景的核心原则是通过有效的空间资源配置及低成本发展优势的新区拓展，追求更好的职住平衡。

6.3.1.1 基于用地适宜性评价的空间供给

空间发展适宜性从土地区位、公共服务设施、环境资源和土地获取成本等4个方面进行评价，选取9个图层因子（表6-1），运用层次分析法得到各因子的权重。系统对9个图层进行空间叠加，得到各类用地的适宜性评价结果（表6-2，表6-3）。

表 6-1 土地使用图层因子

因子图层	标准	值	因子图层	标准	值
距高速路出入口的距离	<500m	90	与高铁站的关系	<1000m	90
	500~1000m	70		1000~2000m	70
	1000~1500m	50		2000~3000m	50
	1500~2000m	30		>3000m	10
	>2000m	10	与水域的关系	<400m	90
高程	<62m	10		400~800m	70
	62~64m	30		800~1200m	50

续表

因子图层	标准	值	因子图层	标准	值
高程	64～66m	50	与水域的关系	1200～1600m	30
	66～68m	70		>1600m	10
	>68m	90	现状村庄用地占地	>90%	90
与现状道路的关系	快速路<500m	90		75%～90%	70
	主干路<500m	70		50%～75%	50
	次干路<500m	50		<50%	30
	支路<500m	30		0	10
	其他	10	与地震断裂带的关系	<4000m	90
与现状基础设施的关系	现状建成区以内	90		4000～100000m	50
	<2000m	70		>10000m	10
	2000～4000m	50	与滞洪区的关系	滞洪区内	0
	4000～6000m	30		滞洪区外	90
	>6000m	10			

不同政策情景下的土地使用因子权重　　　　表6-2

因子图层	权重（居住用地/公共服务设施用地/工业用地）		
	LU1	LU2	LU3
高程	0.25/0.25/0.25	0.25/0.25/0.25	0.25/0.25/0.25
地震断裂带	0.25/0.25/0.25	0.25/0.25/0.25	0.25/0.25/0.25
现状道路	0.75/1/1	0.75/1/1	0.5/0.5/0.5
建成区	1/1/0.75	1/1/0.75	0/0/0
高铁	0.5/1/0.5	0.5/1/0.5	0.25/1/0
村庄	0.25/0.25/0.25	0.25/0.25/0.25	1/1/0.75
水域	1/0.75/0.25	1/0.75/0.25	1/0.75/0.25
高速公路出入口	0.5/0.5/1	0.5/0.5/1	0.5/0.25/1
滞洪区	1/1/1	1/1/1	1/1/1

土地使用适宜性评价结果　　　　表6-3

	LU1：维持现状	LU2：单中心	LU3：多中心
居住用地			

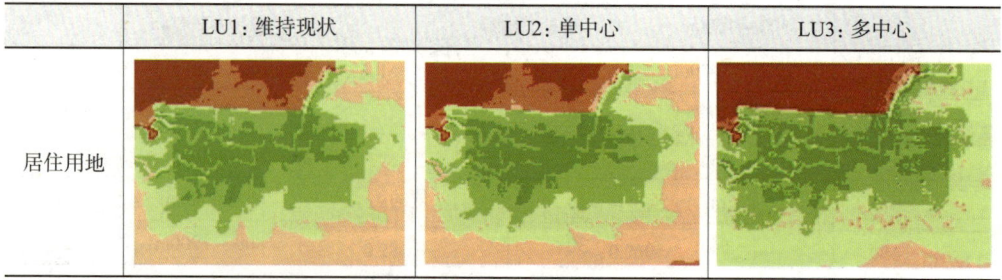

续表

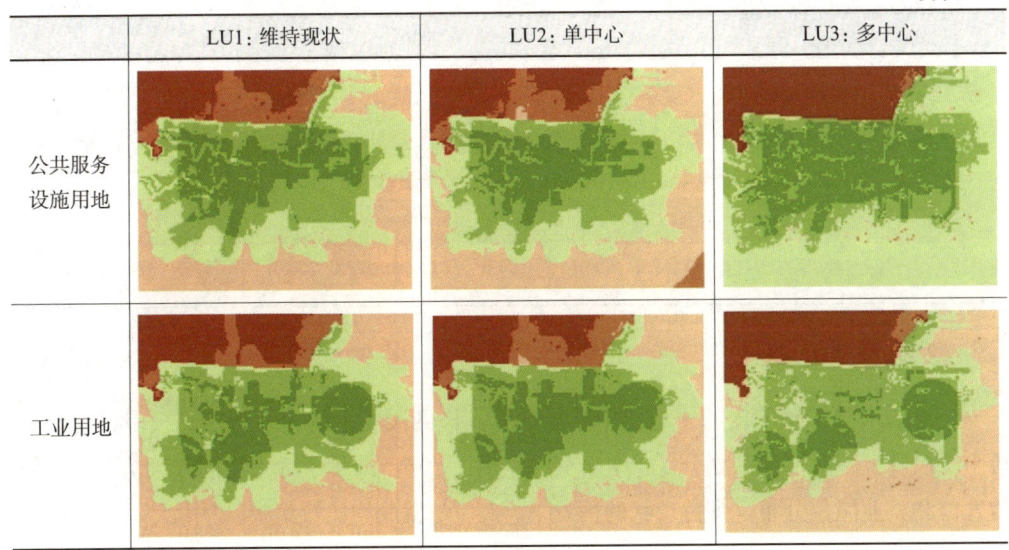

	LU1：维持现状	LU2：单中心	LU3：多中心
公共服务设施用地			
工业用地			

6.3.1.2 空间需求预测

将3种土地使用发展情景下，计算得到的用地需求，如第四章节中表4-6~表4-12所示，输入至系统，得到各类用地的总需求。

6.3.1.3 不同空间政策情景下的空间分配

表6-4展示了系统的土地使用分配结果，可以看到相对于维持现状，在中心地区，单中心的政策情景有更多的公共服务设施用地和更少的居住用地。多中心情景在中心地区以外有更多的公共服务设施用地。

不同空间政策情景下的土地使用布局　　　　表6-4

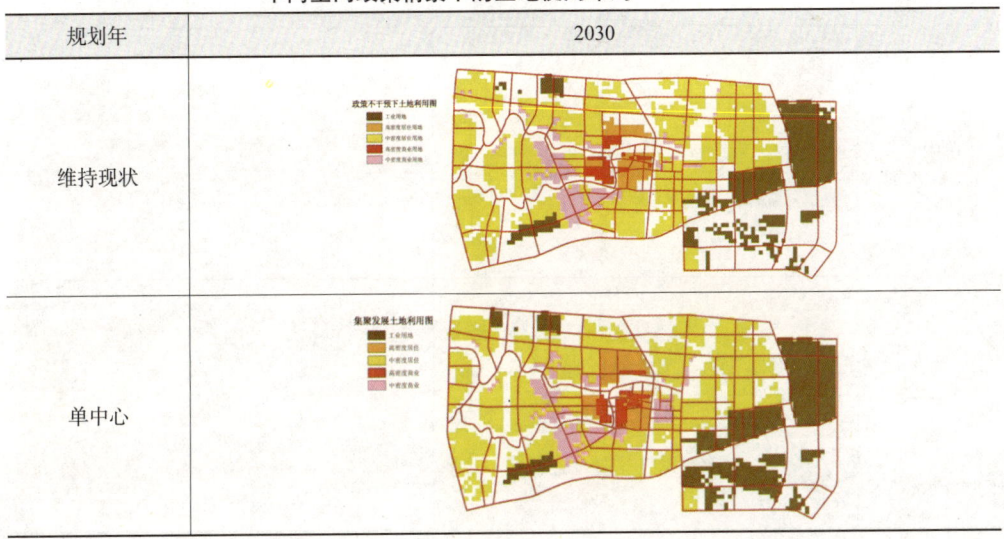

规划年	2030
维持现状	
单中心	

规划年	2030
多中心	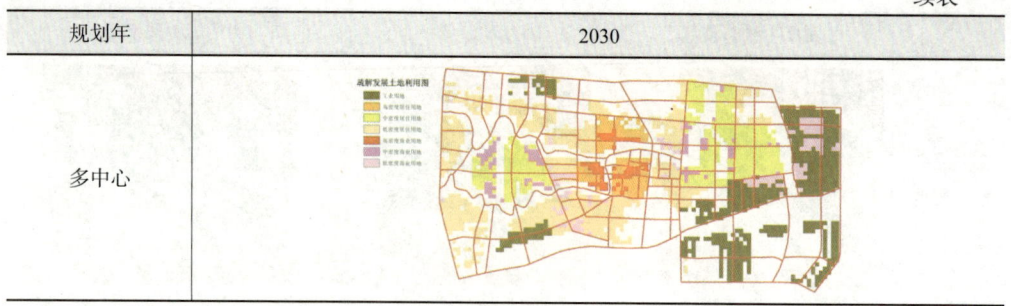

6.3.2 交通需求预测

交通需求基于预测出的土地使用布局计算。格网尺度上的出行产生和吸引整合到交通小区尺度上，对漯河市划分了 121 个交通小区。表 6-5 展示了 3 个空间政策情况下得到的人口和就业岗位分布。维持现状的情景下，人口与就业均比较集中；单中心发展情景下，人口与就业更加集聚；多中心情景下，中心区的人口和就业均呈现出由中心区向东西两个方向发展的趋势。

不同政策情景下 2030 年基于交通小区的人口和就业岗位分布　　表 6-5

政策情景	人口	就业岗位
维持现状		
单中心		
多中心		

6.3.3 土地使用布局精细化

从土地使用的角度来说，最优的土地使用方案是多中心布局（图 6-8）。在多中心的土地使用情景指导下，城市规划师进一步深化土地使用（图 6-9）。

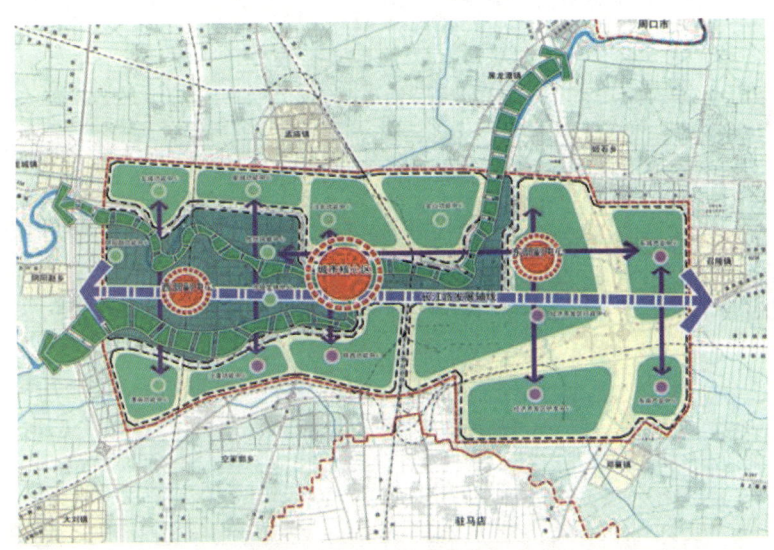

图 6-8　多中心的空间布局

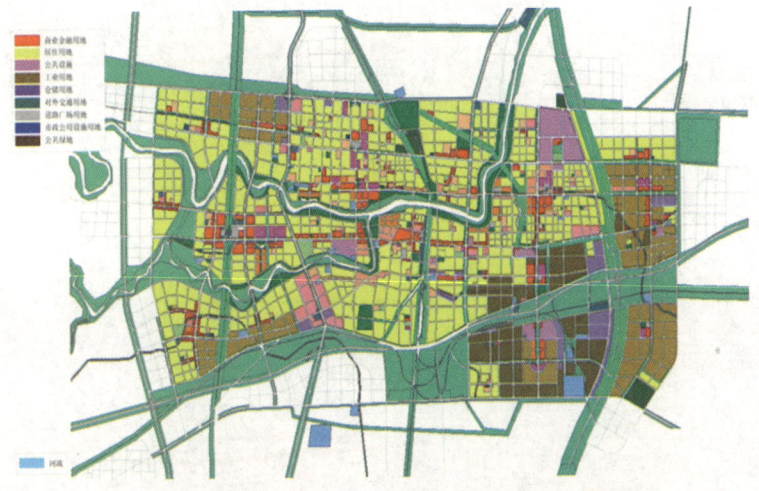

图 6-9　多中心空间结构下深化后的土地使用布局

6.3.4　交通规划

基于多中心情景下的深化后的土地使用布局，通过设置不同的交通方式比例，测试 3 个交通发展政策情景。

- TP1：慢行交通政策（小汽车8%，公交车15%）
- TP2：公共交通政策（小汽车15%，公交车30%）
- TP3：小汽车交通政策（小汽车30%，公交车15%）

在系统中执行出行生成、出行分布和出行分配功能后，得到的交通分配结果如表6-6所示。

不同交通政策情景下的交通分配结果　　　　表6-6

规划年	2030
慢行交通政策	
公共交通政策	
小汽车交通政策	

6.4 小结

LUTIPSS 是一个基于 GIS 的规划支持系统，它包括土地使用规划和交通规划两部分。土地使用预测部分和 Uplan 相似，与传统的土地使用规划过程相一致。只需要最小的数据输入，即可预测增长带来的土地使用需求和交通需求。LUTIPSS 最大的贡献在于交通规划的工具。据我们所知，LUTIPSS 是第一个可以提供网络编辑、四步骤交通需求模型以及可以会话的规划支持系统。LUTIPSS 拥有非常灵活的框架，土地使用和交通规划模块易于定制化，以满足不同城市的特殊需求。它在漯河城市总体规划及综合交通规划中的成功运用，表明该系统在定量化地预测土地使用对交通的影响方面是一个有价值的规划工具。

第 7 章 结论

7.1 研究创新与意义

本书在结合既有研究的基础上,详细分析了中等城市土地使用与交通发展模式的互动机制,并从两者一体化规划决策支持的角度,从传统一体化模型企图精确模拟土地使用和交通一体化关系的路径,转换到以模拟规划决策过程的路径上来。研究创新主要体现在:理论上,提出了一体化决策支持框架;实践上,不仅基于已有的土地使用和交通模型软件进行模拟,更是开发了自己的规划决策支持系统,试图通过一体化模型进行定量分析,并以可视化的途径实现不同空间政策及交通政策在土地使用与交通交互过程中的影响,为决策者提供技术支持,具有一定的理论研究意义和实践意义。

7.1.1 首次提出基于一体化规划编制的政策决策支持思路及框架

我国学者在城市土地使用与交通一体化研究上的探索已经三十年左右,但受限于管理体制的原因,两个规划始终没有实现真正意义上的一体化。住房和城市建设部 2010 年 2 月提出城市综合交通体系规划须与城市总体规划同步编制,这为实现一体化提供了初步的政策基础。本书所提出的城市土地使用与交通一体化规划辅助决策支持系统,首次针对城市总体规划层面的一体化规划编制提出思路及框架,为实现城市土地与交通一体化提供了技术支持,是对应规划编制层面的创新。以中国中等城市为对象的一体化规划方法及思路的研究,可以为政策决策支持提供可靠的依据和研究方法。

7.1.2 在决策辅助系统中通过导入基于政策的情景规划来应对未来发展中的不确定性

本书引入情景规划思想,在一体化决策支持框架中,对空间规划决策环节及交通规划决策环节分别实现了不同空间发展政策及交通发展政策的比较,结合规划决策过程提出了适合中国国情的规划决策支持系统的思路。以定量分析方法和可视化的途径为决策者提供不同政策可能性的空间效应,从而实现为规划决策提供技术支持。不同于传统简单定量化的模型,本书正是在方法上进行了创新,针对城市未来发展过程中可能存在的不确定性提出了一种辅助规划决策支持的解决方案。

7.1.3 提出了交通对土地使用的互动反馈路径及其技术实现

技术实现上,在一体化决策支持框架中,分两个路径实现回馈分析交通对土地使用的影响,第一条回馈路径是基于可达性优化的途径,即土地开发的类型以及强度引起的交通量有可能造成交通拥堵从而降低城市局部的可达性,而可达性作为空间供给的评价依据进而影响了用地需求在空间上的分配,实现交通对土地使用的回馈;第二条回馈路径是引入情景规划思想,将不同交通发展政策对于土地使用支撑及优化的进行对比分析,得到了不同交通政策的方案评价,一方面选择适合于特定城市土地使用的交通发展模式,另一方面在目前土地使用及交通模式下,研究如何去优化用地布局。

7.1.4 开发了适用于我国规划编制的一体化规划支持系统 LUTIPSS

本研究针对我国中等城市总体规划编制的特点,从数据处理与对接简化、工作步骤清晰化、评价内容标准化以及平台界面人性化等方面考虑,在 ArcGIS Engine 上开发的土地使用和交通一体化规划支持系统 LUTIPSS,只需要较少的数据输入,即可预测增长带来的土地使用需求和交通需求。据我们所知,LUTIPSS 是第一个可以提供网络编辑、四步骤交通需求模型以及可视化的规划支持系统。

LUTIPSS 在总体规划层面定量化地考虑了对交通的影响,避免了土地使用布局阶段导致的交通拥挤,生成了适宜的土地使用布局,也从战略层面确定了交通发展模式,而这一步骤在目前我国的城市规划编制中是很少考虑的。LUTIPSS 为实现土地使用和交通的协调发展提供了技术支持,也是对应规划编制层面的创新。

此外,LUTIPSS 具有规划人员易于掌握的交互界面,能够很好地支持我国城市总体规划编制提供的基础数据,快速输入、输出规划设计和分析的结果。

7.2 研究不足与展望

7.2.1 研究需进一步讨论

1)本系统适用于中等城市总体规划阶段的土地使用与交通的相互校核,距离真正意义上的一体化还有较大的距离

本书针对土地与交通一体化规划决策的过程提出先全局调整、后局部优化两步走的思路,全局调整主要内容仍是以空间规划决策为主,但在此基础上提出了以空间均衡为目标首先实现基于广义可达性优化的交通影响回馈;局部优化是以交通规划决策为主,是基于道路网络的可达性优化作为交通影响回馈。以上两步走的方法,适用于中等城市总体规划阶段的土地使用与交通的相互校核,并在漯河市城市总体规划与综合交通规划中得到初步验证,但距离真正意义上的一体化还有较大的距离。

2)可达性的评价方法

可达性的研究在国内外没有一致的说法,本书研究的可达性评价分两个层面,广义层面是基于交通小区的影响,狭义是基于交通网络的影响。其中广义可达性以各个交通

小区到其他小区的平均空间距离作为影响因素，而狭义的可达性是将交通网络的出行费用以及各小区之间的交通流量作为影响因素。

3）基于资源环境约束下的指标体系

由于可获取的数据比较有限，在土地模型里面缺乏节能减排的指标体系，现在仅以用地的紧凑度来考虑城市开发与生态环境的关系还比较片面；基于交通网络的评价体系里缺少交叉口服务水平等关键指标，而且本书在评价的基础上提出交通模式等级划分的框架，其中可行性仍需要深入探讨研究。

7.2.2 研究展望

1）中等城市土地使用与交通一体化政策制定的进一步探索

本书针对总体规划层面提出了一体化规划的政策决策支持系统，从空间规划及交通规划两个环节解决了对应规划编制中出现的问题。但是城市土地使用与交通一体化涉及城市规划及交通规划的每个层面，其中包括对应控制性详细规划层面的交通承载力分析，以及对应城市修建性详细规划层面的交通项目影响评价。为了在控制性详细规划层面及修建性详细规划层面规划更加有据可依，可以从本研究的一体化思想出发，进行更加深入的研究。

2）土地使用与交通实时互动反馈的技术实现

本书提出两个层面实现土地使用与交通的互动反馈，一个是全局层面，即以空间均衡发展为目标，主要是通过基于交通小区的广义可达性评价实现互动反馈；另一个是局部优化层面，即以交通局部优化为目标，主要是通过基于交通流网络的狭义可达性评价实现互动反馈。这种动态的反馈均集中到可达性一个关键性指标，真实的情况是交通与土地使用之间的影响是错综复杂的，具体采用何种指标来实现交通对土地使用的实时反馈仍需要进一步探讨，实现土地使用与交通反馈的实时动态性。

3）一体化规划支持系统的改进方向

LUTIPSS 的空间供给部分因子图层的权重设定，依赖于专家对于因子相对重要性和影响范围的认知。不同城市在使用过程中可根据具体情况重新进行标定。同样地，出行需求模型也可以重新标定。同 Cube，Emme 和 TransCAD 等专业交通规划软件具有的功能相比，LUTIPSS 中的交通规划模块相对简单，主要用于和土地使用之间的反馈。

今后系统的改进主要是进一步精细化土地使用和交通规划两个模块，将反馈循环建立起来，以评价土地使用对交通的影响，反之亦然。同时，在实际使用中也计划进行更多的敏感性测试，并开发出一个半自动的标定程序。系统第一期的目标用户定位为专业规划师。未来考虑面向公众，实现基于地理信息平台的在线可视化，以更好地支持公众参与和协同决策。

参考文献

[1] Anas A, Liang S D. Dynamic forecasting of travel demand, residential location, and land development [J]. Regional Science, 1985, 56 (1): 37-58.

[2] Arampatzis G, Kiranoudis C T, Scaloubacas P, et al. A GIS-based decision support system for planning urban transportation policies [J]. European Journal of Operational Research, 2004, 152(2): 465-475.

[3] Arild V. Optimal land use and tr ansport planning for the Greater Oslo Area [J]. Transportation Research Part A: Policy and Practice, 2005, 39 (6): 548-565.

[4] Asami Y. Residential environment: methods and theory for evaluation [M]. University of Tokyo Press, 2001.

[5] Bmtchie J F. Model incorporating diversity in urban allocation problems [J]. Applied Mathematical Modelling, 1978, 2 (3): 191-200.

[6] Boyce D E. Integration of supply and demand models in transportation and location: problem formulation and research questions [J]. Environment and Planning A, 1986, 18: 485-489.

[7] Brail R K, Klosterman R E. Planning Support Systems: Integrating Geographic Information Systems, Models, and Visualization Tools. Redlands: Esri Press, 2001.

[8] Brail R K. Planning Support Systems for Cities and Regions. Cambridge, MA: Lincoln Institute of Land Policy, 2008.

[9] Castella J C, Manh P H, Kam S P, et al. Analysis of village accessibility and its impact on land use dynamics in a mountainous province of northern Vietnam [J]. Applied Geography, 2005, 25 (4): 308-326.

[10] Echenique M H. The use of integrated land use transportation planning models: the cases of Sao Paulo, Brazil and Bilbao, Spain. The Practice of Transportation Planning. Elsevier, Nerherlands, 1985.

[11] Edward L G, Matthew E K. The Greenness of cities: carbon dioxide emissions and urban development. [EB/OL]. http://nber.org/papers/w14238, 2008.

[12] Ferreira J, Diao M, Zhu Y, et al. Information Infrastructure for research collaboration in land use, transportation and environment planning. Transportation Research Record, 2010, 2183: 85-93.

[13] Fong W K, Hiroshi M, Ho C S, et al. Energy consumption and carbon dioxide emission considerations in the urban planning process in Malaysia [J]. Journal of the Malaysian Institute of

Planners, 2008, 6: 101-130.

[14] Foo T S. A unique demand management instrument in urban transport: the vehicle quota system in Singapore [J]. Cities, 1998, 1: 27-39.

[15] Frank S. A Technical Review of Urban Land Use-Transportation Models as Tools for Evaluating Vehicle Travel Reduction Strategies. Prepared for the U.S. department for energy. 1995.

[16] Gao S Y, Lehmer E, Wang Y, et al. Developing California Integrated Land Use /Transportation Model. TRB 2010 Annual Meeting Paper, 2010.

[17] Geertman S, Stillwell J. Planning Support Systems in Practice. Heidelberg: Springer, 2003.

[18] Geertman S, Stillwell J. Planning Support Systems: Best Practices and New Methods. Heidelberg: Springer, 2009.

[19] GutiCrrez J, Urbano P. Accessibility in the European Union: the impact of the trans-European road network [J]. Journal of Transport Geography, 1996, 4（1）: 15-25.

[20] Hailong Su, Jahao Wu. A land use and transportation integration method for land use allocation and transportation transportation strategies in China [J]. Transportation Research Part A, （69）2014 : 329-353.

[21] Harris B, Batty M. Location models: Geographic information and planning support systems. Journal of Planning Education and Research, 1993, 12: 184-198.

[22] Harris B. Geographic Information Systems: computers and the planning professional. Journal of the American Planning Association, 1989, 55（1）: 85-90.

[23] Harris B. New tools for planning [J]. Journal of the American Institute of Planners, 1965, 31: 90-95.

[24] Herbet J D, Stevens B H. A model for the distribution of residential activity in urban areas [J]. Journal of Regional Science, 1960, 2: 21-36.

[25] http: //news.sohu.com/20070919/n252231010.shtml. 交通能耗已占社会总能耗 20％. 来源: 沈阳日报.

[26] http: //tieba.baidu.com/f?kz=67558809 中国环境污染问题日益严峻《中国新闻社》.

[27] http: //www.cs.com.cn/xwzx/02/200703/t20070321_1069890.htm. 马凯: 中国资源消耗高有三大原因.

[28] Hunt J D, John E A. Design and application of the PECAS land use modeling system [C]. In Proceedings of the 8th Computers in Urban Planning and Urban Management Conference, Sendai, Japan, 2003.

[29] Hunt J D, Simmonds D C. Theory and application of an integrated land-use and transport modeling framework [J]. Environment and Planning, 1993, 20: 221-244.

[30] Hunt J D. A description of the MEPLAN framework for land use and transport interaction modeling [C]. Paper at the 73rd Annual Transportation Research Board Meetings, Washington D.C, 1993.

[31] Hunt J D. Calibrating the Naples Land Use and Transport Model. Dept of Civil Engineering, University of Calgary, 1994.

[32] James E M, Kim T J. Mills' urban system models: perspective and template for LUTE applications [J]. Computer, Environment and Urban Systems, 1995, 19（4）: 207-225.

[33] Jenny C, Will F. Alow-carbon future: Spatial planning's role in enhancing technological innovation in the built environment [J]. Energy Policy, 2008, 136: 4575-4579.

[34] Joerin F, Theriault M, Musy A. Using GIS and outranking multicriteria analysis for land-use suitability assessment [J]. International Journal of Geographical information science, 2001, 15（2）: 153-174.

[35] Johnston R, Shabazian D, Gao S Y. UPlan: A versatile urban growth model for transportation planning. Transportation Research Record, 2003, 183: 202-209.

[36] Justin S C, Roger L M. A bi-level model of the relationship between transport and residential location [J]. Transportation Research Part B: Methodological, 2006, 40（2）: 123-146.

[37] Karst T G, Bert V W. Accessibility evaluation of land-use and transport strategies: review and research directions [J]. Journal of Transport Geography, 2004, 12（2）: 127-140.

[38] Kim T J, Rho J H, Suh S. Integrated Urban System modeling: Theory and Practice [J]. Studies in Operational Regional Science, 2009, 7: 23-35.

[39] Klosterman R E. A New Tool for a New Planning: The What if? ™ Planning Support System in Planning Support Systems for Cities and Regions. Richard K. Brail, ed. Cambridge, MA: Lincoln Institute of Land Policy, 2008.

[40] Klosterman R E. Planning support systems: a new perspective on computer-aided planning. Journal of Planning Education and Research, 1997, 17（1）: 45-54.

[41] Klosterman R E. The What if? Collaborative planning support system. Environmental Planning B: Planning and Design, 1999, 26: 393-408.

[42] Klosterman R, Pettit C. Guest editorial: an update on planning support systems [J]. Environment and Planning B: Planning and Design, 2005, 32（4）: 477-484.

[43] Knox P, Marston S A. Places and regions in global context: human geography, upper [M]. Saddle River, NJ: Prentice Hall, 1998.

[44] Landsi L D. The California urban future model [J]. Environment and Planning B: Planning and Design, 1994, 21（4）: 399-420.

[45] Leontief W W, Strout A. Multi-regional input-output analysis, Dela Barna（ed.）, Structural Interdependence and Economic Development [C]. London, McMillan, 1963.

[46] Loo L S. Integrating land use and transport planning to reduce work-related travel: a case study of Tampines Regional Center in Singapore [J]. Habitat International, 2001, 25: 399-414.

[47] Lowry I S. A Model of metropolis [R]. RM-4035-RC, Santa Monica, Rand Corporation, 1964.

[48] Mackett R L. Comparative Analysis of Modeling Land-use Transport Interaction at the Micro and Macro Levels [J]. Environment and Planning, 1990, 22: 459-475.

[49] Mackett R L. Master model. (Micro-Analytical Simulation of Transport, Employment and Residence). Report SR 237. Transport and Road Research Laboratory. Crowthorne, England, 1990.

[50] Maekett R L. A Model-based Analysis of Land-use and Transport Policies for Tokyo. Transportation Reviews, 1991, 11: 1-18.

[51] Maekett R L. LILT and MEPLAN: a comparative analysis of land-use and transport policies for Leeds [J]. Transport Reviews, 1991, 11 (2): 131-154.

[52] Maekett R L. The Leeds Integrated Land Use Transport (LILT) Model. Transportation Road Research Laboratory Supplementary Report 805. Crowthome, Berkshire, England, 1983.

[53] Maekett RL. The systematic application of the lilt model to Dortmund, Leeds and Tokyo [J]. Transportation Review, 1990, 10: 323-333.

[54] McFadden D L. Structural analysis of discrete data with economic applications [M]. Cambridge: MIT Press, 1981.

[55] Miller E, Farooq B, Chingcuanco F, et al. Historical Validation of Integrated Transport-Land Use Model System, 2011 TRB 90th Annual Meeting: Compendium.

[56] Mills E S. Markets and efficient resource allocation in urban areas [J]. Swedish Journal of Economies, 1972, 74: 100-113.

[57] Mills E S. Mathematical models for urban planning, urban and social economics in market and planned economics [M]. New York: Praeger, 1974.

[58] Mills E S. Sensitivity Analysis of Congestion and Structure in an Efficient Urban Environment, Transport and Urban Environment [M]. New York: John Wiley, 1974.

[59] Moore J E, Kim T J. Mill's urban system models: perspective and template for LUTE (Land Use/Transport/Environment) applications [J]. Computer, Environment and Urban Systems, 1995, 19 (4): 207-225.

[60] Nijkamp P. Sustainable cities in European [M]. London: Earth scan Publications Limited, 1994.

[61] Paul W, Ulfarsson G F, Franklin J P, et al. Incorporating land use in metropolitan transportation planning [J]. Transportation Research Part A: Policy and Practice, 2007, 41 (5): 382-410.

[62] Peter B K. Spatial decision support systems for vehicle routing [J]. Decision Support Systems, 1998, 22 (97): 65-71.

[63] Placeways LCC. http: //placeways.com/communityviz. 2015.

[64] Prastacos P. An integrated land-use-transportation model for the San Francisco region: design and

mathematical structure [J]. Environment and Planning A, 1986, 18: 307-322.

[65] Preston J, Rajé F. Accessibility, mobility and transport-related social exclusion [J]. Journal of Transport Geography, 2007, 15（3）: 151-160.

[66] Putman S H. EMPAL and DRAM location and land-use models: an overview, paper distributed at the transportation model improvement program's land use modeling conference. Dallas, TX, 1995.

[67] Putman S H. Urban Land Use and Transportation Models: a state of the art summary [J]. Transportation Research, 1975, 9: 187-202.

[68] Sedigheh L, Mohammad J K. Measuring objective accessibility to neighborhood facilities in the city （A case study: Zone 6 in Tehran, Iran）[J]. Cities, 2009, 26（3）: 133-140.

[69] Timmerv S. The world urban forum, vancouver working group discussion paper: The livable city. 2000.

[70] Tjallingii S P. Ecopolis: strategies for ecologically sound urban development [M]. Leiden: Backhuys Publishers, 1995.

[71] Waddell P. Integrated land use and transportation planning and modeling: addressing challenges in research and practice. Transportation Reviews, 2011, 31（3）: 209-229.

[72] Waddell P. UrbanSim - Modeling urban development for land use, transportation, and environmental planning. Journal of the American Planning Association, 2002, 68（3）: 297-314.

[73] Walker T, Gao S Y, Johnston R A. UPlan: Geographic information system as framework for integrated land use planning model. Transportation Research Record, 2007, 1994: 117-127.

[74] Walter B. Sustainable cities: concepts and strategies for eco-city development [M]. Eco-Home Media Publisher, 1994.

[75] Wheaton W C. Linear programming and locational equilibrium: the herbert-stevens model revisited [J]. Journal of Urban Economics, 1974, 1: 278-287.

[76] Wilson A G. Entropy in urban and regional modeling [M]. London: Pion Press, 1970.

[77] Yeh AGO, Wu F L. Internal structure of Chinese cities in the midst of economic reform [J]. Urban Geography, 1995, 16: 521-554.

[78] Yiftachel O. Urban social sustainability: the planning of an Australian city [J]. Cities, 1993, 5: 139-157.

[79] 白凤峥. 城市可持续发展评价指标体系的建立 [J]. 山西财经大学学报, 2000, 3: 87-88.

[80] 北京市规划委员会. 北京城市总体规划（2004-2020）[M]. 北京市人民政府, 2004.

[81] 北京市城市规划设计研究院. 城市土地使用与交通协调发展——北京的探索与实践 [M]. 中国建筑工业出版社, 2009.

[82] 毕星, 王巍, 赵国杰. 我国城市可持续发展评价指标体系建构的误区与改进 [J]. 自然辩证法研究, 2005, 9: 85-88.

[83] 曹小曙,阎小培.经济发达地区交通网络演化对通达性空间格局的影响——以广东省东莞市为例[J].地理研究,2003,3:305-312.

[84] 陈洁,陆锋.京津冀都市圈城市区位与交通可达性评价[J].地理与地理信息科学,2008,2:53-56.

[85] 陈岩峰.我国城市客运交通发展模式选择及政策支持[J].经济体制改革,2003,3:158-160.

[86] 陈永庆,范炳全,王浣尘.城市副中心发展的相对区位势分析[J].系统工程理论方法应用,2000,4:321-325.

[87] 仇保兴.中国城市交通模式的正确选择[J].城市交通,2008,2:6-11.

[88] 褚浩然,王江燕,周延虎等.北京市土地利用与交通发展评价指标研究[J].城市交通,2008,5:30-35.

[89] 崔耀杰.基于快速公共交通发展下的低碳城市发展模式研究[A]//中国可持续发展论坛暨中国可持续发展研究会学术年会论文集(上册)[C].中国可持续发展研究会,2009.

[90] 单刚,王晓原,王凤群.城市交通与城市空间结构演变[J].城市问题,2007,9:37-42.

[91] 邓毛颖.谢理.城市土地开发中引进交通影响分析的探讨[J].地域研究与开发,2000,2:47-50.

[92] 范炳全,徐亦文,张燕平等.土地利用与交通系统研究的理论与模型[C]//中国系统工程学会第八届学术年会论文集.科学技术出版社,1994.

[93] 范炳全,张燕平.城市土地利用和交通综合规划研究的进展[J].系统工程,1993,2:1-5.

[94] 范炳全,周溪召,严凌等.城市土地利用与交通综合规划研究[J].城市规划,1999,11:48-50.

[95] 耿毓修.试析城市规划和建设项目交通环境评估问题[J].城市规划汇刊,2000,6:31-33.

[96] 郭亮,贺慧.城市交通结构优化与土地利用模式相关性的比较.城市规划学刊,2009,5:77-82.

[97] 郭伟,唐热情,肖刚等.重庆市交通决策支持系统可行性研究[J].重庆交通大学学报(社会科学版),2009,5:35-38.

[98] 国务院.关于调整城市规划分标准的通知.2014.

[99] 过秀成.城市集约土地利用与交通系统关系模式研究[D].南京:东南大学,2001.

[100] 韩飞,马红燕,刘仕博等.三种可持续发展评价方法的对比分析[J].长春师范学院学报(自然科学版),2008,6:93-95.

[101] 韩凤.城市空间结构与交通组织的耦合发展模式研究[D].东北师范大学博士学位论文,2007.

[102] 韩乾.浦东新区城市空间结构研究[D].华东师范大学硕士学位论文,2005.

[103] 韩英.可持续发展的理论与测度方法[M].中国建筑工业出版社,2007.

[104] 郝前进,陈杰.到CBD距离、交通可达性与上海住宅价格的地理空间差异[J].世界经济文汇,2007,1:22-35.

[105] 胡方鹏.城市交通规划与土地利用关系研究[D].西安:西安建筑科技大学,2006.

[106] 黄光宇.田园城市·绿心城市·生态城市[J].重庆建筑工程学院学报,1992,14(3):63-71.

[107] 黄建中.特大城市用地发展与客运交通模式[M].中国建筑工业出版社,2006.

[108] 黄肇义,杨东援.国内外生态城市理论研究综述[J].城市规划,2001,1:59-66.

[109] 建设部.城市规划编制办法 [S]. 2005.

[110] 姜涛,王超深,梅蕾.可达性在城市群交通规划中的应用研究 [J].交通标准化,2009,11:171-174.

[111] 李聪颖.城市交通与土地利用互动机制研究 [D].西安:长安大学,2005.

[112] 李海峰,张卫华.我国城市交通模式发展研究 [J].华中科技大学学报(城市科学版),2009,2:19-22.

[113] 李莉,陈长虹,戴懿等.城市交通与环境可持续发展指标体系评估系统研究——上海案例应用 [J].安全与环境学报,2006,4:118-122.

[114] 李莉,吴洁,岳超源.城市可持续发展指标体系及综合评价研究(一)[J].武汉城市建设学院学报,2000,2:30-35.

[115] 李乃炜,左玉辉.南京市可持续发展评价指标体系研究 [J].上海环境科学,1999,6:249-251.

[116] 李相勇,蒋葛夫.城市道路服务水平的模糊综合评判 [J].交通运输系统工程与信息,2002,3:48-50.

[117] 李晓江.中国城市交通的发展呼唤理论与观念的更新 [J].城市规划,1997,6:42-46.

[118] 李泳.城市交通系统与土地利用结构关系研究 [J].热带地理,1998,18(4):307-310.

[119] 刘冰,周玉斌.交通规划与土地利用规划的共生机制研究 [J].城市规划汇刊,1995,5:24-28.

[120] 刘贤腾.东京轨道交通体系与城市空间结构优化 [J].现代城市轨道交通,2009,2:71-74.

[121] 龙建成,高自友,任华玲.城市网络交通动态信号控制方法 [J].中国公路学报,2009,4:108-114.

[122] 陆锋,陈洁.武汉城市圈城市区位与可达性分析 [J].地理科学进展,2008,4:68-74.

[123] 陆化普,史其信,殷亚峰.交通影响评价的基本思想与方法 [J].城市规划,1996,4:34-38.

[124] 陆化普,王继峰,张永波.城市交通规划中交通可达性模型及其应用 [J].清华大学学报(自然科学版),2009,6:781-785.

[125] 陆化普.城市土地利用与交通系统的一体化规划 [J].清华大学学报(自然科学版),2006,9:1499-1504.

[126] 陆锡明.城市综合交通 [M].上海:同济大学出版社,2003.

[127] 陆锡明.国际大都市一体化交通战略——以《上海市综合交通战略研究》为例 [J].城市规划,2005,12:74-79.

[128] 吕长青.中小城市公交网络模型分析 [J].牡丹江大学学报,2008,10:103-105.

[129] 罗志忠.基于土地利用的城市交通需求分析研究 [D].西安:长安大学,2006.

[130] 马奕鸣.紧凑城市理论的产生与发展 [J].现代城市研究,2007,4:10-16.

[131] 毛蒋兴,阎小培.我国城市交通系统与土地利用互动关系研究述评 [J].城市规划汇刊,2002,4:34-37.

[132] 聂伟,邵春福.区域交通可达性测算方法分析 [J].交通科技与经济,2008,4:85-87.

[133] 钮心毅,宋小冬.基于土地开发政策的城市用地适宜性评价 [J].城市规划学刊,2007,2:57-61.

[134] 彭再德,宁越敏.上海城市持续发展与地域空间结构优化研究 [J].城市规划汇刊,1998,2:17-21.

[135] 钱林波. 城市土地利用混合程度与居民出行空间分布 [J]. 城市研究, 2000, 3: 7-10.

[136] 曲大义. 可持续发展的城市土地利用与交通规划理论与方法研究 [D]. 南京: 东南大学, 2003.

[137] 沈清基. 城市生态与城市环境 [M]. 上海: 同济大学出版社, 1998.

[138] 石成球. 中国城市规划学会96学术年会综述 [J]. 城市规划, 1996, 4: 4-8.

[139] 苏海龙, 王燚, 王新军, 等. 上海市轨道交通客流量的公交导向开发影响因素分析 [J]. 同济大学学报（自然科学版）, 2014, 42（1）: 71-77.

[140] 苏海龙, 谭迎辉, 周锐, 等. 基于规划过程的我国土地使用与交通一体化规划研究展望 [J]. 城市发展研究, 2013, 20（9）: 66-72.

[141] 苏海龙, 徐芳. 上海地铁8号线对城市住宅价格的时空效应定量研究 [J]. 上海交通大学学报, 2010, 44（12）: 1704-1710.

[142] 王殿海, 杨兆升. 城市小区土地利用与交通关系的测算方法探讨 [J]. 公路交通科技, 1996, 3: 29-32.

[143] 王殿海. 开发区土地利用与交通规划模型研究 [D]. 北京: 北方交通大学, 1995.

[144] 王辑宪. 国外城市土地利用与交通一体化规划的方法与实践 [J]. 国外城市规划, 2001, 1: 5-9.

[145] 王娜. 可持续城市交通模式的选择 [J]. 山西建筑, 2007, 17: 24-25.

[146] 王如松. 城市生态学 [M]. 科学出版社, 1990.

[147] 王如松. 高效·和谐——城市生态调控原则和方法 [J]. 长沙: 湖南教育出版社, 1988.

[148] 王炜, 陈学武, 陆建. 城市交通系统可持续发展理论体系研究 [M]. 北京: 科学出版社, 2004.

[149] 王以彭, 李结松, 刘立元. 层次分析法在确定评价指标权重系数中的应用 [J]. 第一军医大学学报, 1999, 4: 377-379.

[150] 王媛媛, 陆化普. 基于可持续发展的土地利用与交通结构组合模型 [J]. 清华大学学报（自然科学版）, 2004, 9: 1240-1243.

[151] 王真, 郭怀成, 郁亚娟等. 城市土地利用与交通相互关系研究进展 [J]. 人文地理, 2009, 4: 91-97.

[152] 夏景辉. 中原城市群轨道交通发展战略及规划研究 [J]. 综合运输, 2010, 3: 33-38.

[153] 肖健飞. 论可持续发展的城市交通模式 [J]. 城市问题, 1996, 4: 37-39.

[154] 熊文, 陈小鸿. 城市交通模式比较与启示 [J]. 城市规划, 2009, 3: 56-66.

[155] 徐琳, 刘晨阳. 城市空间结构与城市交通互动关系及启示 [J]. 山西建筑, 2008, 1: 37-38.

[156] 徐望国, 吴蕾, 杨涛. 面向可持续发展的城市交通环境影响评价构想 [J]. 现代城市研究, 2000, 1: 36-39.

[157] 阎小培, 周春山, 冷勇等. 广州CBD的功能特征与空间结构 [J]. 地理学报, 2000, 4: 475-486.

[158] 阎小培. 广州CBD的交通特征与交通组织研究 [J]. 城市规划, 2002, 26（3）: 78-82.

[159] 杨东援, 韩皓. 道路交通规划建设与城市形态演变关系分析——以东京道路为例 [J]. 城市规划汇刊, 2001, 4: 47-50.

[160] 杨东援. 交通规划决策支持系统 [M]. 同济大学出版社, 1997.

[161] 杨励雅. 城市交通与土地利用的互动关系——模型与方法研究 [M]. 北京: 中国建筑工业出版社, 2012.

[162] 杨励雅. 城市交通与土地利用相互关系的基础理论与方法研究 [D]. 北京: 北京交通大学, 2007.

[163] 杨明, 曲大义, 王炜等. 城市土地利用与交通需求相关关系模型研究 [J]. 公路交通科技, 2002, 1: 72-75.

[164] 杨明, 王炜. 城市土地利用与交通需求相关关系模型研究 [J]. 公路交通科技, 2002, 19（1）: 72-75.

[165] 杨少辉, 马林, 陈莎. 城市空间结构演化与城市交通的互动关系 [J]. 城市交通, 2009, 5: 45-48.

[166] 杨涛, 过秀成. 城市交通可达性新概念及其应用研究 [J]. 中国公路学报, 1995, 2: 25-30.

[167] 姚胜永, 潘海啸. 基于交通能耗的城市空间和交通模式宏观分析及对我国城市发展的启示 [J]. 城市规划学刊, 2009, 3: 46-52.

[168] 叶嘉安, 宋小冬, 钮心毅等. 地理信息与规划支持研究 [M]. 北京: 科学出版社, 2006.

[169] 叶亮. 城市空间结构与交通结构相互关系探析——以淮安市为例 [J]. 现代城市研究, 2007, 2: 60-65.

[170] 叶茂, 过秀成, 王谷. 从单核到组团式结构: 带形城市的交通模式演化与选择——以镇江市为例 [J]. 现代城市研究, 2010, 1: 30-35.

[171] 易汉文, 殷茵. PECAS——城市用地和交通集成化模型系统 [J]. 城市交通, 2006, 4: 12-20.

[172] 易汉文. 城市用地分析与交通预测模型系统概述 [J]. 城市交通, 2006, 5: 55-62.

[173] 尹春娥, 马艳. 可持续发展的城市交通系统评价指标体系 [J]. 山西建筑, 2005, 31（7）: 20-21.

[174] 于星涛. 带形城市的交通引导模式及实施对策——以济南市综合交通规划为例 [J]. 规划师, 2007, S1: 37-39.

[175] 张高军. 城市土地利用交通需求相关关系的理论研究——以南京为例 [D]. 南京: 东南大学, 1998.

[176] 张和生, 张毅, 胡东成等. 区域交通状态分析的时空分层模型 [J]. 清华大学学报（自然科学版）, 2007, 1: 157-160.

[177] 张俊军, 许学强, 魏清泉. 国外城市可持续发展研究 [J]. 地理研究, 1999, 2: 96-102.

[178] 张俊军, 许学强, 魏清泉. 中国城市可持续发展研究进展 [J]. 地域研究与开发, 1999, 1: 24-27.

[179] 张莉, 陆玉麒, 赵元正. 基于时间可达性的城市吸引范围的划分——以长江三角洲为例 [J]. 地理研究, 2009, 3: 803-816.

[180] 张生瑞, 王超深, 徐景翠. 基于时间阻抗函数的路网可达性研究 [J]. 地理科学进展, 2008, 4: 117-121.

[181] 张文忠. 宜居城市的内涵及评价指标体系探讨 [J]. 城市规划学刊, 2007, 3: 30-34.

[182] 张雯. 美国的"精明增长"发展计划 [J]. 现代城市研究, 2001, 5: 19-22.

[183] 张亚平, 左玉辉. 我国城市生态交通规划研究 [J]. 生态经济（学术版）, 2006, 2: 304-306.

[184] 赵红. 层次分析法在定量分析中的应用 [J]. 中国公共安全（学术版）, 2010, 1: 134-136.

[185] 赵童. 国外城市土地使用——交通系统一体化模型 [J]. 经济地理, 2000, 6: 79-83.

[186] 赵勇. 国内"宜居城市"概念研究综述 [J]. 城市问题, 2007, 10: 76-79.

[187] 郑猛. 城市土地使用与交通协调发展 [J]. 现代城市研究, 2010, 1: 26-29.

[188] 中国城市经济学会中等城市经济发展委员会等. 中等城市绿皮书: 中国中等城市发展报告. 北京: 社会科学文献出版社, 2013.

[189] 中国科学院可持续发展战略研究组. 2009年中国可持续发展战略报告 [R]. 北京: 科学出版社, 2009.

[190] 中国中等城市网 www.msc.org.cn.

[191] 周爱娣, 李旭宏, 季彦婕. 城市公交线网密度指标的改进计算方法 [J]. 交通运输工程与信息学报, 2004, 2: 109-114.

[192] 周素红, 闫小培. 广州城市空间结构与交通需求关系 [J]. 地理学报, 2005, 1: 131-142.

[193] 周素红, 杨利军. 交通与土地利用一体化规划管理 [J]. 规划师, 2005, 8: 14-19.

[194] 周素红. 高密度开发城市的内部交通需求与土地利用关系研究——以广州市为例 [D]. 广州中山大学博士学位论文, 2003.

[195] 朱巍. 成都市城市交通与城市空间结构整体优化研究 [J]. 现代城市研究, 2005, 5: 22-28.

[196] 朱小勇, 孙鹏, 倪宏. 一种嵌入式DSS客户端的架构设计及优化 [J]. 微计算机信息, 2010, 5: 11-13.

[197] 住房和城乡建设部. 城市综合交通编制办法 [S]. 2010.

[198] 住房和城乡建设部. 城市综合交通体系规划编制导则 [S]. 2010.

[199] 祝明霞. 城市土地利用与城市交通研究 [D]. 武汉: 华中师范大学, 2003.